名师工程 新教育力译丛

给新教师的成长建议

LEARNING TO BE A TEACHER

[澳] 苏·巴勒斯-兰格（Sue Burroughs-Lange）
[澳] 约翰·兰格（John Lange） 著

杨思帆 译

西南师范大学出版社
国家一级出版社 全国百佳图书出版单位

图书在版编目（CIP）数据

给新教师的成长建议 /（澳）约翰·兰格（John Lange），（澳）苏·巴勒斯－兰格（Sue Burroughs-Lange）著；杨思帆译 . — 重庆：西南师范大学出版社,2020.9

（名师工程·新教育力译丛）

ISBN 978-7-5697-0098-5

Ⅰ.①给… Ⅱ.①约… ②苏… ③杨… Ⅲ.①新教师－师资培养 Ⅳ.① G451.2

中国版本图书馆 CIP 数据核字（2020）第 015625 号

John Lange & Sue Burroughs-Lange 2017

Learning to be A Teacher, by John Lange & Sue Burroughs-Lange,published in SAGE Publications.

The simplified Chinese translation rights arranged through Rightol Media.

（本书中文简体版权经由锐拓传媒取得 E-mail:copyright@rightol.com）

本书由 SAGE Publications 授权重庆西南师范大学出版社有限公司在中华人民共和国境内（不包括香港、澳门特别行政区以及台湾地区）出版发行。版权所有，侵权必究。

给新教师的成长建议

著　　者：[澳]约翰·兰格（John Lange）　[澳]苏·巴勒斯－兰格（Sue Burroughs-Lange）
译　　者：杨思帆
责任编辑：李相勇
责任校对：李青松
封面设计：闰江文化
排　　版：夏　洁
出版发行：西南师范大学出版社　地址：重庆市北碚区天生路 1 号
　　　　　邮编：400715 市场营销部电话：023-68868624
经　　销：新华书店
印　　刷：重庆市国丰印务有限责任公司
幅面尺寸：170mm×230mm　　　印　张：10.75　　字　数：205 千字
版　　次：2020 年 9 月第 1 版　　印　次：2020 年 9 月第 1 次印刷
著作权合同登记号：版贸核渝字（2018）第 273 号
书　　号：ISBN 978-7-5697-0098-5
定　　价：45.00 元

关于本书出版

为了促进知识传播,发展全球社区教育,萨拉(Sara Miller McCune)在1965年创办了美国世哲出版公司(SAGE)。SAGE公司每年出版1000多本期刊和800多本书籍,这些期刊和书籍涉及各个领域。SAGE公司出版的书籍资源还包括期刊数据库、研究方法数据库、视频数据库、商业案例集等。

SAGE公司分部遍布世界各地:洛杉矶、华盛顿、伦敦、新德里、新加坡、墨尔本等地。

本书首次于2017年出版,除非版权和专利法案许可,或是私人研究、批判、审查,本出版物不允许任何形式的复印、储存或传送。复印、储存或传送必须按照版权许可机构颁发的许可条例,获得出版者的书面许可。如有关于许可条例之外的疑问,请联系出版商。

谨将此书献给近四十年来与我们一起致力于教师专业学习的学生,特别是伦敦大学学院教育学院(伦敦)和昆士兰科技大学(布里斯班)的参与者。他们对我们思考如何才能成为杰出教师这一主题不断地提出挑战,他们的成功是这本书的核心。希望本书能为服务于学生的教师和读者提供有益的借鉴和帮助。

约翰·兰格

苏·巴勒斯-兰格

作者简介

约翰·兰格博士（Dr.John Lange）

约翰在学校创新项目委员会（澳大利亚）担任顾问，有超过16年的班级教师和学校校长的经历。在过去的40年中，他还担任过昆士兰科技大学（澳大利亚）、北伊利诺伊大学（美国）和伦敦大学学院教育学院（英国）等机构的教师教育者、项目主管和研究员。

他任教的大学教学课程包括课程理论与规划、学习理论、学校实习规划、班级管理与组织。教育咨询工作包括社会研究课程的发展和实施（昆士兰），以及校外考官教师教育课程（英国）。他曾在世界各地的教育组织上发表过演讲，包括美国教育研究协会、澳大利亚和新西兰的教师教育协会。

他的研究及出版物主要集中在实习教师的学习及专业知识的获取、指导教师角色案例、教师教学的定性研究方法等领域。

苏·巴勒斯-兰格博士（Dr.Sue Burroughs-Lange）

苏于1965年开始从事小学教学工作，曾在各级各类学校担任顾问，为学校管理人员和教师提供专业发展服务。作为教师教育者，她曾开发和指导硕士和博士项目，教授定性研究方法与分析并指导研究论文。

她曾在澳大利亚昆士兰科技大学、美国北伊利诺伊大学和英国伦敦大学学院教育学院担任研究员超过35年。她近期出版了一部作品——《阅读重建与作为读者的孩子：历史、政策及实践》（IOE出版社，2013年），此书通过专业发展、行动研究及问责制等方式，极具代表性地回应了新老教育者如何应对变革带来的挑战。

本书导读

▲本书适合哪些人？

· 实习教师(the student teacher)：他们刚开始接受专业教育，这些专业教育大多体现在传统课程方面，或者以大学为中心，或者是在各种校内场合的实习；

· 学术机构或大学研究机构人员：他们能主导或深刻影响中小学课程设置；

· 新任教师(the newly qualified teacher)：他们已经取得教师资格证书，刚刚开始学校教育工作；

· 工作满一年的教师(the end-of-first-year teacher)：他们正在评估是否需要、何时需要、如何适应新的职业道路。

本书还对以下群体很有用：

· 大学或中小学的教育专业人士：他们的工作与教师学习者(teacher-learners)及初级指导教师(early career teachers)紧密相关；

· 有一定实践经验的老师：他们寻求改进教与学方式方法的路径。

▲本书主要解决的问题是什么？

· 如何找到并使用专业的学习策略，从而使我更好地理解教学过程的复杂性？

· 如何学习更多的专业学习方法，让我既能减少工作压力又能收获更多？

如果你正在寻求成为一名积极有效的教师学习者的方法，那么这本书的实践策略、相关理论和研究内容将会为你提供帮助，使你对教学领域的职业前景充满信心。

▲本书如何解决你的问题？

· 本书会使你成为参与式观察者、自身角色的评估者；

· 本书为你提供建立一个概念框架的过程，以便对你的教学和学习环境进行批判性的分析、解释和理论化；

· 本书将向你展示如何利用嵌入式专业学习机会，通过自我调节和自我监控来实现对学习的调控；

· 本书回顾了如何规划和准备学习的方法，这些方法重视提高对教学模式和策略的认识，详细说明具体的教学技能，并将其纳入你的规划过程。

▲如何阅读这本书?

1.利用"小贴士"

核心思想以"小贴士"的方式呈现在本书的文本框中,这些"小贴士"明确了每章的核心思想,有助于帮助你理解、应用和发展实用的专业知识。"小贴士"勾画了一个完整的框架,可以促进你的专业成长,从而使你成为一个能高效学习、不断提升自我的教师。同时,这些"小贴士"将为你的专业学习提供一个"意识流"(认识体系),这有助于你建立一个评估框架,以确定你的专业学习的特征。

2.知晓每章内容框架

·专业学习的观点呈现,即"小贴士"的内容,重点强调作为一个教师学习者的专业学习。概念框架的建立与专业学习过程的复杂性相关,你可以根据这些过程评估你的学习意识和成长状况。

·相关概念解读和潜在应用策略,并提出如何探索这些概念的策略。在这个过程中,你能够在不同的教学环境中进行调查和实践。这些既可以是学术性的,也可以是实践性的,可以在你的教学中运用这些策略。

·对于我们所了解的研究的进一步探索——提供关键概念与指导思想的文献与研究。

本书自始至终都在论证这一观点,即为使专业学习对你有意义且适用,理论和基于研究的知识必须有良好的来源,这对于在专业学习中各种情境下获得和丰富你的实践经验是至关重要的。

▲教师如何通往成功之路?

无论你在这条新的教师职业道路上会走到哪里,你的兴趣和目标都会集中在怎样尽你所能教孩子和年轻人如何学习,如何茁壮成长,如何发挥他们的潜力。也许你刚刚进入教师行业;也许你为了理解教与学的复杂性即将开始你的学习训练;也许你希望能够顺利应对大学学习和学校工作两方面带来的压力;也许你在顺利完成学位课程后,能够自我管理时间,发展自我智慧,从而实现自我期望。但现在,你发现自己处于一种学习环境中,其中的学术任务和课程任务可能会不断挑战你!那么,本书告诉你如何重新认识那些过去对你有用的决策策略,如何从中获得当你学习教学时必需的真知灼见。

想一想,两年之后你的专业发展会处在什么位置?在老师和同事的支持下,你学会管理自己的教学,并顺利完成作为新任教师的任务。你是否开始考虑教师职业的未来发展?如何处理对时间和发展持续不断的需求?如果你决定在自己的岗位上有所成就,那你会寻求什么样的方法使你的工作更轻松,更容易?

如果你想在刚入职的时候将工作做得完美一些,如果你想在这个行业有所成就,毋庸置疑,这本书会对你有所帮助,会让你更加自信地处理在该领域遇到的问题。

本书提供了一个概念框架,对教学环境的复杂性进行批判性分析、解释和推理。更重要的是,它还包括如何帮你更好地认识自己,如何不断发展自己的知识和潜能,以此为自己创造一个有效的起点位置。这种富有洞察力的教师意识的发展依赖于一些组织框架。作为一个参与式观察者,通过使用一种自我评价的框架,你可以成为一个专家!同时,作为专业人员,你需要为你的学生创造针对性和应答性的学习情景。

本书为你提供了实践支持,方便从理论材料中发展有效的教学策略,想必这些材料是你在大学教育研究和教育文件中已经遇到的。通过这种方式,可以逐渐理解理论与实践的内在联系。

你会发现"教师学习者"这个词在这本书中被使用了多次,它指的是处在职前计划期的实习教师、入职学习的新任教师以及那些在他们职业生涯的最初几年里进行全日制教学的教师。另外我们有时也使用"新手教师"这个词语,它是指那些需要提升专业能力或者需要转换他们教学意识的新教师。

目 录

第一部分 教师发展的学习视角

第一章 树立专业学习意识　　3
- 一、理解学习环境　　3
- 二、构建专业学习的理论语言和实践语言　　6
- 三、通过自我探究改变认知　　7
- 四、理解专业学习的含义　　9
- 五、专业学习中的生成性反应　　9
- 六、以学生为中心的教师发展　　11
- 七、转化学习：教师学习者意识的社会层面和智力层面　　13

第二章 成为一个自律自主的专业人士　　19
- 一、引言　　19
- 二、理解学校和教室　　20
- 三、建立"自我调控"行为　　22
- 四、发展自我调节能力的关键条件　　25
- 五、自我调节视角的总结　　29
- 六、探索自我调节专业学习过程的概念模型　　31
- 七、两个领域的方向和相关性　　33
- 八、建立批判问询意识　　36
- 九、专业学习模式回顾　　37
- 十、结语：理论从哪里来？　　38

第二部分 教师专业学习策略

第三章 实现教与学的自我监控   43
  一、引言   43
  二、角色定位：作为学习者的教师   44
  三、教师自我教育的专业学习策略   44
  四、自我监控策略的五阶段   47

第四章 学会利用专业学习日程表   68
  一、引言   68
  二、获取个人专业学习策略的基本原理   69
  三、通过集中注意力，发展专业意识和控制能力   74
  四、使用专业学习日程表的框架   76
  五、过程回顾和重新生成——更新   82
  六、与外部标准的链接   82
  七、用于理解和回顾个人专业学习的问询式、解释式和生成式策略   83

第五章 提高你的专业学习能力   87
  一、引言   87
  二、探索并讨论专业学习方法   88
  三、使用专业学习日程表的人日益增多   90
  四、本尼的专业学习设计案例   92
  五、本尼的专业学习故事   94

第六章 通过反思和解释优化专业学习   104
  一、引言   104
  二、对于"内容"及"原因"的相关探讨   106
  三、阿伊莎的专业学习故事   109

四、对本尼和阿伊莎案例的总结评论　　118
　　五、对于"内容"及"原因"的进一步探讨　　119
　　六、专业学习日程表规划策略的总结　　124
　　七、专业学习活动：迈克的专业学习故事　　125

第七章　规划专业学习的过程　　128
　　一、引言　　128
　　二、课程的设计原则　　130
　　三、螺旋式课程设计　　132
　　四、专注且有回应地倾听　　146
　　五、了解你可能会用到的教学技能　　150

致谢　　159
译后记　　160

第一部分　教师发展的学习视角

第一部分的这两章探讨了如何建立自我调节、自我监控的专业学习方法,这些方法有助于更好地发挥你的专业知识和技能。另外,这一部分还介绍了一些基本的理论和研究观点。

教师学习者是一群追求自我意识和充满求知欲的专业人员(Feiman-Nemser,2012)。当教师学习者的学习并不总是获得同事的支持时,通过针对性地探究和理解策略,教师学习者也能够很好地完成自我学习。此外,导师或同事会对教师学习者不断提升的专业意识提出一些要求,也会对其早期的教学学习起到重要的促进作用。专业性的提升也可能取决于自身获取学习和提高学习的能力。例如,如果你想要提升自我管理的能力,则需要采用组织和分析策略来达到目的。同时,习得与专业学习相关的探究性语言及解释性语言也有助于实现学习过程中的交流目的。

在初期的教师教育课程中,所需要的专业知识和技能分布在三个相互关联的环境中,分别是:教育系统(国家和地方)、学校、个人的职业环境。正是在这些环境和交叉环境下,你才能接触并参与社会和知识传播的过程,为丰富知识和理解自我学习奠定基础。个人的专业学习来自在课堂上对理论与实践两个层面经验的吸收和反馈,来自更加直观地去认识知识传播的过程,这些有助于你更加有效、有目的地学习。

这里专业学习的概念涉及知识、思维和技能相辅相成的两个部分。第一部分是知识的建构,以及相关内容和教学技能的应用。第二部分是在自我学习情境下探讨、理解和应用知识及技能的能力。如果你想要充分利用能使学生积极参与课堂活动所需要的复杂的内容知识、思维能力、应用技能,那么后者的概念化过程是非常重要的。

第一章　树立专业学习意识

学习目标

阅读完本章,你将会理解:

1. 不同的环境都会为你提供有关学习教学的机会和知识。
2. 谈论教学——建构一种探究与理解的理论和实践相结合的语言。
3. 通过探究和自我观察改变自己。
4. 使用教学支架理论来管理自己的学习计划。
5. 在认知以及情感功能上的提升,能使你在面对教与学的挑战时,产生更主观、更具体、更有效的反馈。
6. 可以通过一种有意识的、理论化的和解释性的模式来改变你的学习。

本章的重点是你个人的教学学习意识,你"为什么""如何"成为一个自省自律、自我探究、具有突出探索精神的专业人员。首先要探究的是在何种环境下你可以培养和提升你的教师自我意识。

一、理解学习环境

(一)教育系统、大学和学校环境

教师教育课程提供了广泛的专业学习环境,社会和教育系统要求对教师学习者提供持续的支持和指导。教师教育课程的范围取决于学科理论及相关实践,这通常由大学和中小学校人员之间的合作来完成。

近年来在英国由大学主导的学校合作发生了变化。根据政府部门的理念,政府机构通过大学教师教育和对儿童及青少年的教育人员的培训,积极回应教育的普适价值——大学要和中小学建立合作伙伴关系。

教学作为一种极具实用性的学徒式活动,强调"学什么"和"怎么教",非常重视课堂时间。当然,这就可能会缩减你在大学中探索某一门课程教学法或研究活动的时间,也限制了教师教育只能从学者们那里获得具体的知识和对学科的理解,而这些学者都将学科知识作为其学术生活的中心。同时,你还需要学习心理学来认识如何以这种方式获取知识,从而帮助学生制定学习计划。知识不可能靠潜移默化就能永久存储在学生的大脑中,而你作为一个教师学习者,应将其转化为课堂教学。因而要求教师既要精通诠释和组织学习内容,又能为学生提供相应的学习方法。

第二部分主要是确定个人专业学习策略,这部分并不太关注在传统领域提出的问题,这些传统领域有数学、科学、历史、地理、语言和文学等应用学科,也包括教育心理学、哲学和社会学等理论研究型学科。例如,"如何介绍、保持和提高特定学生的阅读技能",或"如何鼓励不喜欢阅读的学生,提高其阅读技能,使他们能够学习其他课程"。这些老生常谈的问题在本书都将不再赘述。第二部分包括以下内容:(1)个人专业学习策略将成为大学英语语言课程中教学法的一个组成部分;(2)作为教师学习者对其进行批判性评价;(3)进一步阐明是否能在课堂上有效实施你的策略。

学校为本的要求是对国家政策和课程声明的本地化的回应,你可以用自己的观点进行诠释,再将它们融入你的教学技能范围,也可以使用第四章中列出的专业学习日程表(PLA)[①]来管理此过程。大多数小学和中学都在所有课堂和学科领域实施一系列政策和计划,例如学生行为规范,你也可以使用这些可行的策略直接处理学生的分心行为和不符合正常期望的社会行为。

还有导师和同事调整的课程及管理模式,这些在教师学习初期都需要遵循。例如,对在某一具体学科领域取得显著成果的学生,或者是需要额外的帮助与支持的学生,则需要采取不同的教学对策。你的责任不仅是了解和呼应学校的这些倡议,而且要制定一系列的干预策略和方法,这些策略和方法要符合学校规定,以便在特定情况下符合学生的具体情况。一个具有探究性、理论性、解释性、生成性的策略有助于拓展和提升你的管理方法,这对加强课堂管理和教学十分重要。通过观察、询问个别教师的对策,从而为你需要承担的各种责任做好准备。也可以多倾听同事和学生的意见,继而应用你的探究策略生成潜在的灵活举措来实现这一目标(参见第三章的自我监控策略)。

---

① PLA: The Professional Learning Agenda(专业学习日程表)。

(二)课堂环境

课堂环境是指与你的专业发展密切相关且具有潜在成效的环境,它为你提供了个性化知识和理解教与学的机会。教师的角色不仅是"复印机",更是一个能够制定出回应教学及学习情景策略的实施者,有意识地掌控职业发展前进方向的学习者。研究并理论化潜在的方法、策略和技能,并使之能适合你当前的自身理解能力和个人专业知识水平,从而才能更好地促进教学有效开展。

通过对同事和导师等有见识的人的观察和讨论所搜集到的信息,你可以构建一个基本的框架,在这个框架中可以添加自己不断更新的想法和反馈。再通过深入思考和详细阐述,最终使这个概念框架成为对你非常有意义的工具或让构建概念框架成为习惯。持续执行"学会如何学习"的专业学习日程表,以及理解"如何教"及"教什么"等相关主题,将为你不断提供增长的知识和相关技能,从而为你和你所教授的学生做出更好的决策。

(三)个人的职业环境

初期教学时,你可能需要思考以下问题:
(1)如何维持课堂秩序?
(2)教室里究竟应该怎么样?
(3)哪里是我最能适应的?
(4)什么策略可以帮助我理解和支持目前的专业学习?
(5)什么形式的专业学习日程表可以为我的意义建构和专业知识提升提供教学资源?

下面是一些可能的答案:尽管教师在成为教师之前接受了长时期的学校学习,但在学校教学的首要任务是适应教育角色的双重挑战。第一个挑战是接受教师的角色,即负责创建、组织和管理学生学习的人,这一角色的重点是"学什么"和"怎样教"。第二个挑战是在同事和以往经验的支持下,专注于"学习如何学习"。承担双重角色的艰巨性和紧迫性似乎让人难以承受。你将如何生存和成长?在制定计划、优化资源、提升教学和管理行为等方面,你需要获得哪些内容和技能?一旦确定并实施了专业的学习方法,你如何继续加强它?在这间教室里有什么可以观察和理解的?其他老师在做什么?孩子们的反应如何?是什么促使或鼓励学生以这种方式活动?

当你在课堂上观察时,你的第一印象可能是学生似乎在安静高效地学习,与教师很少有互动,一切似乎都在顺利进行。我们来做一个假设,如果教师对本堂课做了一个预先准备好的简单介绍,确立和提醒学生进行课堂学习活动时的一些规则,然后教师在教室内四处走动,检查个人和小组的学习情况。你可以看到,教师只会指导那些需要帮助的学生,或者指导那些拓展学习水平较高的学生,而不会过多关注中等生的学习情况,真正的教学是这样吗?

这看起来可能是一个简单的事情,但是我们先想一想:教师事先做了哪些准备,让这个教室看起来像时钟一样精确地运行?对学生的管理和监测是否需要大量的时间才能完成?看起来被教师观察的整个课堂管理起来很容易,但是他怎么知道什么时候该干预学生的学习,什么时候该给学生提供指导和进一步的支持呢?如何在这个课堂中展开教师的工作与学生的学习,使相关任务之间无缝衔接呢?如何在教师和学生之间建立和维持信任呢?

起初,课堂观察所产生的许多问题都令人十分困惑。之后你会慢慢意识到,思考创造课堂情境的基本原则和采取什么行动,对于课堂上的高效学习是十分必要的。作为一名新教师的目标则是通过对课堂学习过程进行直观观察,提升洞察力、分析力和理解力。批判性地分析和解释这些观察到的现象,从而获得更深层次的见解。因此,观察和分析更有经验的同事的教学,也可以提高自身的专业学习水平。

为了收集更多的信息以了解复杂的课堂情况,你需要培养和拓展一系列关于人际关系心理学的能力,包括聆听、参与、辨别、观察、描述、记录、整理,以准确表达你所观察到的内容。这些技能是"学习如何学习"的基础,信息收集和认知技能也一样,为了解释、质询、重组、批判、预测和整合你的发现,还需要运用更高阶的批判性分析的知识处理。在这本书中,批判性分析常被用于描述在心理学领域中运用的探究和理解能力。在本书中,你将学习如何使用这些认知技能来更透彻清楚地认识与理解自己不断演变的教学角色。

对教学和学习情境作出相关的应答,需要采用系统化、以探究为中心的自我生成的学习框架。通过使用这些框架,你可以创建可行的计划进行试验和评估,将这些暂时纳入教学策略中。这类和设计相关专业学习日程表的策略将在本书第二部分的章节中进行介绍。

二、构建专业学习的理论语言和实践语言

在教育界中有一种观点认为,教师、教师学习者和他们的导师及同事在使用理论语言来描述课堂的功能时都会感到不自在。作为专业人士,在理论上我们需要对教育过程中的实践活动和经典案例进行描述和论证,使用具有探究性和解释性

的语言以及科学概念,对教学和学习过程以及学生的学习方式进行定义、描述和理论化。我们所用的术语必须精准,以便能够解释、建构和交流。例如,在课堂上收集信息和建构意义时,会运用一系列人际关系和心理学研究需要的认知功能。这些认知功能是一组相互关联的社交、心理学功能,其中包括观察和辨别。这是接下来的章节中重点探讨的内容,我们将观察视为教师和教师学习者的一项任务,第三章和第四章中将更全面地讨论观察的过程和有关技巧。

在学校和课堂中,观察是教师和教师学习者必要的活动,但这种观察不是每个人都拥有的技能。首先需要学习一定的观察技巧,以便准确辨别、描述和解释重要的特征及其相互联系,继而进行一定程度的分析性探索和阐释,从而对实际看到的东西产生适当的理解。

近年来,建构主义的教师教育方法强调观察和反思,教师如何认真倾听以及辨别课堂中存在的影响因素和特征?倾听、辨别、记录和描述等技能构成了提高教师及教师学习者高阶智力过程的一系列必备技能。

同时,批判性分析和解释也是对复杂的教学和学习过程获得一定理解的有效技能。批判性分析强调了不同特征之间的区别,这些特征从表面看起来可能非常相似,但这种批判性分析可以让你更仔细地回顾和评价自己的参与情况。

从专业目标出发,对如何应用一些日常学习和生活中的概念需要多注意,例如过度使用"反映"和"反思"等概念来解释复杂的教育理论和对教师工作的研究。我们所谈论的批判性意识的概念是杜威1933年所提出的"反思"这一更为广泛和细致的术语。后来,舍恩1991年对"反思"的描述包括分析、辨别、质询、解释和评价。为了更好地理解"反思",我们希望能够清楚地阐明批判性意识的组成部分,继而进一步探索和学习。同时也希望能够更多地了解我们所观察到的教师们是如何做的,从而更好地推动学生的学习。

三、通过自我探究改变认知

个体领域内更高阶的知识信息处理加工过程包括批评、重组、批判性评价和评估,这四个过程又由其下位的信息处理加工组成。例如批评涉及分析、质询、解释、整合、推断和概括等相关智力技能。当你在解释和试图理论化自己在课堂和学习环境中的专业学习活动时,要学会应用这类加工过程。通过利用这些认知功能,获得复杂性和支持性的探究图式。图式的概念取自皮亚杰,他将图式定义为认知结构或认知地图。后来,麦克维和他的同事进一步研究了皮亚杰的图式,认为这是一种可重复的行为模式。在这种模式中,经验被同化后产生的结构和联系生成了更高层次的认知水平,获得更有影响力和权威的地位。当个体在特定的领域内学习时,信息量会越来越大。图式既是组织加工复杂繁多信息的方式,又是构成认知行为的基本要素。

当你探究从学习情境中观察到的事件的本质原因与意义时,可以将你的专业学习通过图式来维持、拓展和情境化。如果想在专业学习情境中找到个人相关性,则需要直接参与学习情境的生成与调控。

在提议将学习控制从提供结构化的学习任务转变为学习者有意识地理解和控制的策略时,布鲁纳想到了"脚手架"的概念,这是一种易于应用于自身专业学习的概念。"脚手架"的比喻既可以用来描述专业学习过程的社会互动结构,也可以用来描述专业学习经验的内容和过程。这里的"脚手架"相当于你学习时使用的各项策略的排序形式。如果有导师或同事支持、参与的话,可以共同合作展开策略研究。而专业学习日程表(PLA)则为自我指导下的学习提供了一个"脚手架"(之后将更多地介绍这一工具)。当有其他教师参与时,"脚手架"就存在于"最近发展区"(ZPD)中。投入与管理个人专业学习时,非常重视转变传统的与导师或同事合作的方式。在考虑搭建"脚手架"的过程中,以上这些因素在互动和沟通中发挥了很大的支持作用,从而建立一个自我了解和调整学习策略的"脚手架",成为个人学习的发起者和掌控者。

> **小贴士 1.1**
>
> 教师学习者,通过建立一个自我了解和调整学习策略的"脚手架",能够激发、协调和管理个人专业学习。

学习成为一个具有批判性的探索者,一个自律的从业者,应做到全面客观地分析和评价各类学习情境中影响个体参与情况的条件与因素。你的目标是以命题的形式储存知识,而不是依靠经验式的记忆。渐渐地能够对来自大量情境中的实用且适用的命题知识进行分析解释,提炼整合得出相似情境下的命题。当下的这些理解决定了你在批判性评价具体因素方面,以及在情境中提高自身感知能力与反应能力方面的下一步发展。

真正的实践情境中充满复杂性和不确定性,可以从不同的角度进行各种各样的解释。恰恰提升专业学习的教学法的关键在于各种情境下积累的经验,在经验中你可以习得批判性分析和解释的能力,提升对个人判断和反馈进行自我监督的能力,增强从理论和实际的多种维度思考问题的能力。同时还需要把只运用于某一个固定情境的思维方式转换到另外一个情境,能够将抽象的理论和原则具体化。

四、理解专业学习的含义

各种类型的专业知识的整合和转换需要进行系统的观察,包括自我观察。在这个过程中你会慢慢理清这些专业理论与实践之间的联系,从而提升你对持续学习及专业知识的实践与理论相关性的认知。

通过培养与拓展探究策略及相关的智力技能,从而进行系统的自我观察和批判性分析。这些调查性和批判性的分析技能有助于你更好地理解教与学,驱使你去感知理论对实践的影响以及实践对理论的影响。使用理解性和理论化的学习过程框架,有助于你构建应答性、整体性和生成性的专业知识。

> **小贴士 1.2**
> 使用理解性和理论化的学习方法有助于你构建应答性、整体性和生成性的专业知识。

你需要精炼你的分析和生成策略,从而运用这些策略来应对课堂上的突发情况。作为一名教师,你的自信会随着你对自己的知识和对教学环境的清晰认识而建立起来。这些认识基于教学和个人规划中自我创造的成就之上,而不是对他人规划和教学方式的低效模仿。

> **小贴士 1.3**
> 教学信心更趋向于建立在自我创造的成就上,而不是建立在模仿别人的教学上。

后面章节中探讨的教师学习的本质与维果茨基在他的社会文化历史理论中首次提出的学习发展的特征相似。新教师的学习特征类似于维果茨基所描述的最近发展区(ZPD)的特征。维果茨基的大部分(但不是全部)思想和理论观点有助于理解和研究本书中教师学习模式所固有的概念和过程之间的类似联系。这些专业学习方法在后面的章节中会提到,这些章节涉及自我监控策略(REACT)、专业学习日程表(PLA)和批判性评估策略(参见第二部分)。

五、专业学习中的生成性反应

随着社会的发展,"宏观教学理论"的概念渐渐不再适用,尽管这种理论可以在各种背景和相关条件下推广开来。这一转变是基于教师教育研究自下而上产生的,提出了一个概念框架用于阐释和拓展对教学过程本质的理解,该框架力图阐述与分析如何学习成为一名高效负责、反应迅速的专业人士。你的专业学习计划需要从你这个教师学习者开始,而不是从某一固定的课程开始,一旦引导你去确定和评估你自己过去、现在和未来的专业学习,那么一个有效议程就诞生了,可以开始考虑每个人的需求和能力了。因此,当你获得对当前和未来专业学习的执行控制权时,自律是你展开专业学习时必须做到的一点。这是一个高阶心理过程的应用,它会推翻你之前对教学情境特征的肤浅认识,发现原来在认知自我调节和情感自我调节中也包括自我质疑、自我应对和自我强化策略。在自我调节的学习中,探索新的认知技能和情感技能如何提升特定学习情况。你会发现你新习得的技能将会应用于未来情境中,而你对这些学习片段、情境和结果的分析会反馈到后续的行动当中,这样就可以持续地通过探究性信息处理加工来专注于专业学习的改进与提升。

那么,你如何对这些探究性、解释性和生成性的信息处理加工呢?以"从游戏中学习"为例,从对参与开放式游戏活动的学生的观察中,你会意识到任何对学生行为做出反应的研究方向的假设,都应该基于学生通过游戏学习的效果出发。假设你的研究让你认识到不同游戏活动的价值,在制订课程计划时,将理论和实践结合起来能丰富你的后续计划。随后你会主动地提出一系列的教学对策,开展批判性的观察和理解,以确定学生参与游戏活动与学习之间的关系;你还可以用角色扮演、科学调查、解决问题等来代替"游戏"。

这个过程是周期性的,你会从不同的教学情境、专业学习计划、结果中找出答案,继而建立行为反应。在这个过程中,你会认识到你需要了解如何有效学习,从而产生一种积极的动机意识。

综上所述,这种认知和情感功能在你树立专业学习意识时密切相连。这样看来,群体(心理之间的)和个体(心理内的)的学习是相互影响的。正是在这些交互作用中,能够发现并建立起一个教与学的图式以及其相互关系的"脚手架"来开始你的专业学习。随着专业学习不断发展,"脚手架"的建立不是基于导师或同事等外部资源,而是由你不断尝试和实验的概念框架提供。要获得这些交互框架,那么那些介绍性的策略活动的内容、知识和技能模式必须形成良好的结构。

通过观察真实的课堂事件,你的批判性探究技能不断得到磨炼。然而,不要期望能将行为反应从一个课堂教学事件直接转移到下一个课堂教学事件。以上见解是专业学习日程表(PLA)的探究策略中的重要原则。通过这个分析过程你会认识到教师应该多方面地学习,持续进行专业发展,把你的教学活动同过程、理论和实践联系起来。

六、以学生为中心的教师发展

达琳·哈曼德写道,我们要积极回应所有学习者(儿童和教师)要求教育改革的呼声,以达到更高水平的智力功能活动。学生要达到高效的学习需要经验丰富的教师,他们能够理解并实施有效的教学策略和技能。为了获得这些知识,教师学习者需要:

(1)制定学习和探究策略,评估和修正自己的行为;

(2)评价、预测和管理学习者的行为;

(3)学习反应既要符合自身学习能力,又要满足学习者的需求。

第2点和第3点是教师学习的重点,也是指导本书实践和研究策略发展的初始命题。教师需要了解并将新的可信理论和研究成果纳入他们的实践中,认识到他们的规划和准备有着丰富的理论支持。努力去获得所需的知识和技能,从而能成功实施你的教学计划,多与他人(包括其他专业人士)交流讨论你的教学计划。成为一个勤学好问的教师,多使用新的理论上的概念框架(或图式)来思考和实施这些教学和学习过程。这类理论和概念框架是通过个人的批判性探究和专业的协作关系渐渐建立起来的。

自我调节专业学习,首先在理论和实践的学习过程中你需要学会如何评估并从评估中获得帮助,能从理论和实践的角度来理解和拓展你所发现的内容。

其次,提升专业学习的关键不仅仅是学习态度上的转变,另外非常重要的一点就是在你的整个学习过程中离不开相互协作。学会与他人共同展开行动,完成复杂的教与学过程,努力提升作为一个专业学习者的修养。这是一个学习如何学习的过程,贯穿于教师的整个职业生涯,教师学习者这一生都会从中受益。

举个例子,有目的的观察可以帮助你阐明课堂活动的背后原因,与你的同事就观察到的事件进行后续讨论来检验你的初步假设,从而提出试探性的建议,这同时也是在进行批判性探究。

思考下列问题,以展开观察:

(1)如何记录观察结果?

(2)随着学习活动的持续展开,你应该注意什么?

(3)在录音过程中如何加入解释性的注释?

(4)在确定每节课的时间范围时,对于特定学习阶段的特定群体或个人,这节课时间或进度安排也是特定的吗?

(5)进度和时间安排是否可以直接应用于另一个学习环境中,还是要取决于特定群体的学习能力和需求?

(6)是否有必要完整地观察和记录这堂课,还是把注意力集中在这节课的具体某一环节,以便能观察得更细致?

(7)如何详细记录你的观察,以便后面的分析和研究?

(8)如何根据观察结果进行修改和重新设计,以帮助你更好地开展今后的教学?

(9)应该达到什么样的观察目的,或者说达到谁的观察目的?

(10)观察课堂中具体的、确定的和相关的部分,是否有助于你和你的同事或导师以后的讨论?

(11)什么是批判性评价?

(12)如何理解、解释和分析你的评价结果?

(13)与学校行政和教学人员讨论学校的教学安排和过程的目的是什么?

解决上述问题会面临许多挑战,但能让你在观察到的实际情况中发现许多有意义的知识。这一列表主要聚焦于教师学习者如何与同事进行合作,而第三章中的自我监控策略(REACT),重点是自我观察,你可能会对通过不同类型的观察,去探索更具独特见解的信息收集过程。

教师学习者需要将这些观察技能与教师教育的理论知识联系起来。你在大学的学习经历和在学校的经历对你利用批判性探究来构建相互关联的理解框架很有帮助。在过去的二十年里,有越来越多的实践活动帮你建立起与教师教育其他模式的联系,不过对于目前的你来说,对教学和学习价值的理解还只是来源于大学和学校的一些经历。

只有当你熟练并精通这种信息加工处理后,你才会非常轻松地参与更多的与专业学习相关的决策制定,虽然依旧会感激并留意那些经验丰富的人所提供的帮助和指导,但更重要的是,你也会渐渐认识到自己在自我管理和自我调节的专业学习方面的技能在不断进步,这些也将有助于你的初期教育生涯。

那么,在之后的教育生涯规划中,你需要做什么才能成为一个自律自主的教师呢?对于初期教师学习者,传统上注重使其获得特定的学科知识和教学技能,教师需要根据学习者的能力和需求计划组织教学,进行管理和评估,当然这并不代表要忽视教学过程中复杂的知识性和理解性。这种没有被经常提到,或被认为是偶然发生的以探究为中心的学习方式,对于一个具有自主能力的学习者依然是非常必要的。

然而如果新教师要承担更大的专业教育责任,那么就有必要在他们的职业发展早期获得相关知识和技能来做到自主自律这一点。因此,在你的教师教育课程中,应开拓一种能规划监督你的专业学习和能根据不断变化的情况重新调整并确认你个人学习需求的学习方法。当你参与到这些过程中时,后续的执行和管理会慢慢增强你在未来学习中的自我指导能力。

当在学习过程中需结合实践经验和理论经验时,需要组织好这些经验。但不能仅仅将经验等同于学习,或者认为学习或发展会在没有重点指导的情况下可以很轻易地从经验中获得。专业自主发展过程是一个持续的、不断拓展的自我激励过程。从这个角度看,你的专业学习其实是一个自我监控的过程,而不是一直依赖于导师、大学老师或学校管理团队等。

> **小贴士 1.4**
> 通过学习方法认识和重塑你的个人教育潜力,将有助于你现在和整个职业生涯的发展。

不断积累的教师学习者意识和持续增强的自信心,能够使你辨别、解释和适当回应具体的教学和学习问题,为你不断发展的理解能力、专业知识和应用能力提供新动力。

作为一个教师学习者,你很难让有经验的教师、导师理解你以往的相关经验和知识,因此你必须全面了解你当前的专业知识。这样也便于让你集中精力拓展你的知识储备并运用到课堂上。当你采取开放的态度时,才会产生有效的专业学习,形成一组相互关联的认知技能,从而能够对教与学过程的自我评估和自我生成进行分析和理解。

本书现已建立与研发了五个阶段的自我监控策略(REACT,第三章)和专业学习日程表(PLA,第四至六章),但是要知道,这些已有的信息都会对你接受新的信息或学习经验产生影响。在你现在的专业学习的发展阶段上,可以多多质疑这些已有的信息,以便辨别、重构和利用这些信息。在早期,这对认识课程与教育法是很有意义的,但现在提供了新的获得个人探究与理解的途径。

七、转化学习:教师学习者意识的社会层面和智力层面

虽然本书的主要目的是为个人专业学习提供学习策略,但你也可以与大学或学校的导师和同事合作,不过这可能存在和你以前学过的内容以及当前学习环境里强调的重点不一致的状况。一开始好像挺令人困惑,但这种不一致可能是建立分析过程的恰当情境,从而用于探究和阐释你的个人观点和教学实践。当你的知识和理解从社会心理层面转换到个体心理层面时,你的学习就会发生转变。最初

你用这些学习技能来辨别收集、组织分类、批判性地评价与解释,随后在不断拓展的教学意识领域中运用所学的理论和实践知识,通过这一探究过程从社会性的知识领域转向解释性的知识领域。

如果在教师教育课程中安排学校实习的目标是促进教师学习者学习的转变,那么就需要开展一些探究活动来引导新手教师对具体教学实践形成一定的理论认识。这些活动会阐述或论证师生用来理解、拓展自身知识和相关实践的理论或概念框架,他们还可能与教师学习者和其他人进行互动对话。如果在某些情况下,其他专业人员也能够参与到这种教育过程中来,那我们就继续讨论这种学习的转变。重要的是,你要了解这些概念性、解释性和生成性框架的瞬时性和发展性,这样你才能继续保持开放的心态展开进一步的探究。专业学习依赖于详细的个人计划,这些计划围绕着个人知识和技能方面的优势、劣势来激发你的主动性。你需要对与理论和实践相关的术语进行精确地描述,使用共同的探究性和解释性语言,这是阐述专业学习日程表的一个重要因素。

在教师学习过程中,类似最近发展区的相互交流的特征、模式会提供新的学习内容和方式,把你对专业学习意识的理解从心理间层面转化为心理内层面。认清你现在的发展阶段,明白你正处于什么位置,尝试并决定是否使用综合复杂或概念化的描述来论述你的知识和理解。你也会逐渐了解并运用更高阶的心理功能,例如:探究、解释、创造和应答。这些功能作用于心理内部层面和意识层面的内化与整合过程。而存在于这两个层面的社会和智力功能之间的感知、推理模式,有助于你的专业学习和发展。

你可以把你参与教学和学习过程的想法、感受表达出来,还可以公开发表供同行的专业人士评审,正是这种令人思考的活动会提高你对个人探究的元认知过程的认识。五个阶段的自我监控进程及其每个阶段的关键提问,以及对专业学习日程表的个别批判性分析、重新构建和重点应对,都旨在为上述关键的认识进程提供学习框架(见第三至六章)。

你可以发展这种元认知学习技能,同时专注于个人探究,制定策略。也可以通过同事或导师的对话,分析、阐释和理论化学习想法与观点。然后你可以使用概念和经验框架来进行探究和运用,以便对自己之后的教学行为和课堂互动进行评价。

而基于理论化、生成性和自我调节原则之上的一致经验,不仅仅是在学校实习期间获得的,也可能不只是发生于这一期间的学习活动。当你在学习大学课程时应寻找机会运用相关的探究策略,以获得和提高专业知识和技能。教学和学习的反应是多方面的,而不是知识领域特有的,在专业发展的所有阶段和学习环境中学习要明确牢记这一概念。因此,在你的教师学习过程中要寻求更广泛的、涉及多方面的学习方法。

这种对教学意识的探索,试图通过对你自身的理解和认知过程,来获得各种可以提高学习效果的方式,以及提升洞察力的方法。从你自己的教学行为中通过问题的架构,信息的识别、整合与综合,以及积极的探究等,都能对你自己的意义构建做出回应。这需要一个专业的学习计划,参与类似最近发展区的过程,使你能够越来越多地参与到个人专业学习过程的构建和发展中。

教学过程可以是相互的、复杂的和偶然的。教师的学习是相互的,你当前的能力和专业学习需求实质是相互影响的。专业学习的内容和过程是复杂的,因为它依赖于许多基础知识,如学科内容、学科教育学和普通教育学。通过"抓住机会引导自己的学习,接受探究,挑战自己的想法以构建新知识"获得专业成果,因而也具有偶然性。

这些方法的基础是自我调节、多维度的探索以及与志同道合的同事的互动。其中包含的学习过程是多维度的,而不是线性的。这里讨论的重点是教师学习者对专业学习的自我调节,同事、学校或大学老师也发挥着很大的作用,他们也有助于支持和引导教师学习者在变革的情况下进行建构,而不是仅仅转换所谓正确的知识和技术层面的东西。而你将掌握一种既能满足社会和专业需求,又能够对你现在和将来的个人学习计划做出反馈的学习方法。

上述讨论确定了不同于坚持教师学习者无经验的白板式学习方法的观点,这种方法基于行为理论和知识转移的概念。本书赞同社会环境有助于学习的观点,在课堂和学校环境这种情境学习中,强调特定的设置和中介活动,以辩证的方式整合探究与解释的技巧和策略,以及专业学习片段。情境认知的倡导者表明学习不是发生在孤立的环境中或只是在头脑中,而是由学习情境中的文化和策略所塑造的。勃兰特等人给了我们专业学习中认知学徒的概念,这与本书的重点是一致的,无论是在大学还是在中小学,都应重视教师学习,通过观察、探究与解释从而改变你的教学和学习的内容和过程、批判性分析和生成反应。我们相信,当你第一次进入教室的时候,你将会更好地获得实践经验以及更新原有的理论知识。如果你能创造出庞大的共享知识库,则可以通过所有的专业学习经验来提升你作为未来教师的地位。这一观念与多尔1989年的观点是一致的,他认为一个后现代的教师作为学习者,应思考当代复杂繁多的教学理念与实践。多尔将此观念概念化为一个发展过程,在这一过程中,探索解释和创新的原则取代了方案设计过程的方向和范围。

在本章的前面,我们探讨了教与学的互动,探究性的专业语言以及在学术界中使用的"科学"概念,提供可内化为教师学习者的内容和意义路径。涉及意识阶段的学习活动包括模式、协作、观察(包括自我观察)、对话、挑战与自我质疑。其中一些活动受益于使用探究性和解释性语言的应用,即教学法。其以一种易于接受的学习语言,为你的教育事业提供专业稳定性,从而能够自我管理,应对复杂的理论和课堂实践,并有效地将这些理解权威地传达给其他专业人士和政策制定者。

因此,有必要通过概念化的学习策略和具有挑战性的提问专注于你的专业学习,从而创造出专业的不确定性情境,这将需要你寻求有意义的解决方案。教师学习者的理解和发展水平取决于你自身的管理,取决于你所应对的挑战和教学的复杂度和强度。

在对具有挑战性的学习任务的特征和因素进行分析和阐释时,也可能对认知失调和心理距离的有关文献进行探讨,从而获得主动性。理解具有挑战性的学习实践的先后顺序是教师学习者开始专业学习的前提,他们试图将自己的理解和专业知识,从一个思维有限的操作舒适区,转移到个人潜在发展和相关性水平的挑战和应用上来。下面一些问题有助于我们思考这一丰富的经历过程,其中包括:

(1)你从学校、课堂和大学经历中,如何发展和选择对排序过程的理解?

(2)作为一个对专业学习越来越有控制力的人,你是否应该提升选择排序技能,以便更好地把控自我学习?

(3)理解你所要达到的最佳行为的描述对你来说很重要吗?

(4)学习认知失调在实现你的认知改变中扮演什么角色?

(5)学习经验的结构如何增加你在意义建构方面成功的可能性?

(6)如果学习顺序的复杂性超出了你潜在的发展水平,那么还能达到有价值的学习吗?这与是否超过教师学习者的认知能力是相关的。

这些问题的答案可能提供有限的理解,但是有挑战性的学习环境和活动有助于你的有意义学习。也可能进一步为你提供机会来确定选择和排序的过程,以制定结构良好和具有挑战性的专业学习策略。类似于最近发展区的过程专注于专业学习的主动性,接受而不是拒绝困难的学习情境,因此要重视构建对专业学习问题的一系列特定反应。上面提到的关于教育对话、自我对话和与同事(包括导师)的关键对话的描述,将通过讨论与科克伦·史密斯提供的认知失调和合作共鸣的概念联系起来,并进一步得到加强。

通过本章的讨论,可以看出,很少有一套建立在有限的学习和认知观念基础上的教学实践。学习教学需要你克服对环境的担忧,或者放弃只是简单照搬现有做法的念头。更重要的是,你需要将重点转向实践的变革性而不是重复性。当你的教师学习质量和专业知识发生变化时,环境也会发生变化,因为你已经改变了,反过来也是如此。

第一章 树立专业学习意识

专业学习将知识描述为个人和情境之间的相互作用,这也是一种探究策略,通过这种相互作用对二者进行重组和解释的一种探究策略。这一学习者的概念和处于特定语境中的学习也视为该语境的一部分。随着你的学习、学习环境发生了变化,你的学习者身份以及社会和智力特征也发生了变化。在这种相互作用中,学习可以被认为是复杂且完全依赖于情境的,而不是直接的因果或线性条件的结果。戴维斯和苏马拉从贝特森和巴雷拉等人的思想中,把这种学习者、语境和学习的关系称为"激活主义认知理论"。这对新手教师的学习有很明显的暗示:

这一概念有助于我们重新思考教学的意义,并解释制定替代性教学概念的困难。对我们来说,采取不适当的教学行动,以及应对以特定方式行事的隐性压力,这些经常被提及的问题,可以通过生态而不是纯理论的行动基础得到更好的理解。

戴维斯和苏马拉的激活主义认知理论倾向于一种解释学观点(哈贝马斯,1987),赞成一个更全面的、一次性的、共同出现的学习计划,可能被定义为多重现实和偶然的情况,而不是对预先确定的学习目标做出反应。

从这个角度来看,认知被理解为一个组织或重新组织自己的主观经验世界的过程,涉及对过去、现在和未来的行动和感知,同时进行修正、重新组织和重新解释。

认知的改变是以这种方式进行的,因为教学是在完全体现现实的语境中发生的,在某种程度上,这种语境必须是一致的。布鲁纳早年指出了认知变化的辅助功能、文化视角的创造和维护、教学过程以及学习之间存在的关系。布鲁纳建议,为了理解在文化的自我更新和自我组织过程中,教学和学习的概念及过程之间普遍的、共同出现的和不断发展的关系,有必要界定学校和大学之间的区别。因此,他相信在一个协作的、教育性的、有文化的环境中,教师学习者应该使用自我探索的策略,来理解教学和学习过程的社会环境。在这本书中,重点是自我观察、分析、解释和产生反应的过程,我们努力为这些目的提供探究技能。

如果你以本书所介绍的方式来参与学习,你就不会受到理查森所担心的那些影响:没有利用它们来维持和发展有意义的重大变革,而变成他们的个人传记、系统的政治要求和生态因素的受害者。你不仅有机会开始自己的教学生涯,而且有机会参与到你们所负责的年轻人的教育中,以及让自己成为工作和领导的学校机构的重要变革的一部分。既要考虑学习教学的长期挑战,也要考虑眼前的教学学习问题。

本章小结

　　对专业学习内涵及意义的理解,是我们树立专业学习意识的基础性条件。我们的学习是在一定的学习环境中进行的,学校、课堂以及职场等各种环境能为我们提供学习教学的机会和知识。我们需要建构一种探究、理解理论和实践相结合的语言,这些语言必须精准,以便能够解释、建构和交流。我们还需要通过探究和自我观察改变自己,使用"脚手架"来管理自己的学习计划。必须意识到,在面对教与学上的挑战时,在认知以及情感功能上的提升能使你产生更主观、更具体、更有效的反馈。通过一种有意识的、理论化的和解释性的模式可以达到改变你的学习的目的。

第二章 成为一个自律自主的专业人士

学习目标

阅读完本章,你将会理解:
1. 专业学习的控制点在改变。
2. 自我调节如何影响你的学习。
3. 提高自我调节能力的关键条件。
4. 专业学习的概念模型。
5. 专业学习设计的问询与解释策略。

一、引言

本章的主要内容是如何提高对持续专业学习的认识,以及如何通过自我调节实现对学习的掌控。本章首先聚焦在相关文献梳理,然后确定管理及理论化专业学习的流程。最后将呈现如何进行批判性地反思课堂教学。本章将探讨如何根据你的早期教学经历激发你的专业学习主动性,并利用本文中的专业学习策略流程分析和解释你早期经历的教学情节。由此,你将能够针对具体的专业学习设计做出潜在的回应,并为应用在你的教学进程中做出更全面的回答。

关于学习、发展知识和理解及创造思维策略等概念也将在你为学习者设计的教学计划中得到应用。当你在专业学习环境中探寻这些概念的相关性时,其实你也在寻找课堂上适合应用的方法。为了开启你的意识过程,我们来审视一个在你自己专业学习中为提高自律自主性而需要理解和应用的重要概念。

二、理解学校和教室

你已经在不同的教室中度过了相当长的一段时间,从小学、中学到大学。现在,作为一名教师学习者或新任教师,你进入学校的直接挑战就是要认识到你在教育中的新角色的双重性。作为一名教师,你要负责组织和管理一群学生的学习;同时,你自身也是一个学习者,你不仅要关注"学什么"和"如何教",还要学习如何提升自我。这看似令人难以置信,因为如何实现这一目标的复杂性和即时性会是你当前遇到的焦点问题。

你如何生存,最初如何应对你职业生活的复杂性和需求?如何管理你在学校参与的日常学术活动和社交生活,以及如何为一群年轻的学生制定学习计划?你希望自己对同事的要求和期待做出富有积极性和创造性的回应,学校的行政团队也要求你展现工作韧性、高度责任心和专业的时间管理能力。对于新手教师来说,文化冲击看似很有压力。本章后面的讨论借鉴了一些理论,这些理论反映了一种学校教育现象,即学习进入一个文化群体所使用的步骤和策略。

最近的报告显示,40%的师范生可能在毕业后不担任教师职位,或在工作一年后离开教学岗位。这是对旨在加强教师职业的国家资金的严重浪费;而且,这对于那些走上这条路的人的职业生涯也会产生破坏性影响。这个数据还表明,作为一名新的合格教师(NQT),尽管班级工作负荷减少,也得到了工作的持续支持,但他们仍会发现自己对环境和职业要求准备不足。可见,尽管很多教师学习者将60%~80%时间花在新教师教育上,但他们并没有提前了解教学是否是他们的正确职业选择,也不太理解学生选择过程、教师准备、教师学习者的期望等,不太理解学习计划与班级学生的成功之间那种明显不匹配的重要原因是什么,以及如何进步成为一名经验丰富的教师专业人员。

大学和学校人员提供的职前教师教育课程似乎采取了重要而有益的支持形式,让新教师通过要求和标准来达到合格的教师水平。问题的部分原因可能是支持的性质——一个母鸡妈妈的方法——新的教师"小鸡"在穿越和进入学校课程及教学过程的"农场院子"旅程中受到指导和保护了吗?新教师的专业学习是否过于依赖于其他人,比如学校和大学的导师?这些教师学习者是否有足够的机会为自己培养相关的、有目的的、概念性的、理论性的、实践性的、解释性的和生成性的框架,从而形成自己的认识、理解,并扩展自己的专业学习的目的和过程?无论是大学指导还是学校主导,一年的职前课程都应优先考虑这些事情。

"有如此多的科目知识和教学法需要涵盖,我需要传授很多内容。"这是指导专家的回应。也就是说,需要给教师学习者时间去消化吸收教育团队的集体知识。

第二章 成为一个自律自主的专业人士

作为一名新教师,你至少经历了十二或十三年的中小学教育,再加上大学三年以上的高等学科学习,因此这里没有必要再谈如何学习。因此,以下章节中的例子,主要探讨如何利用询问和解释策略帮助你培养独立的学习能力,以及学习如何成为一名专业人员。

有证据表明,在高等教育的早期阶段,个人学习意识并未发展,你现在需要知道如何成功地启动、发展、修正、评估一名教师需要独立使用的策略,意识到并能够专注于那些关键的问询策略,为发展这种自我意识和自我调节提供支持,这对个人和职业发展至关重要。没有这种个人批判意识,课堂就会变成一个令人困惑和压力过大的工作环境。新教师在这些合作与管理方面会遇到的困难,会带来压力和亚健康,并有可能使教师早日退休。如果你能够在课堂上掌握一定的批判意识,那么你将更有效地理解和创造性地回答以下问题。

在选择和使用教学策略、内容和计划排序以及行为管理方面,哪些知识和技能需要立即获得?你在这个教室里观察到什么?你的同事在做什么?学生们如何回应?是什么促使或鼓励他们采用这种方式?你如何理解你询问的结果?

或许你对学生的第一印象经常是:学生在安静、高效地学习。但你觉得真的只需要向学生群体解释学习任务,然后监测他们的成就或困难吗?事实上,你还需要确定及采用集中调查的策略,解释学生学习表现和形成针对学生的有效教学反馈。

小贴士2.1

你需要确定及采用集中调查的策略,解释学生学习表现和形成针对学生的有效教学反馈。

你应当参与丰富的课堂环境的创设。这个过程需要你有一系列社交心理学和内部心理学技能策略,以创建批判性询问和解释性理解,这也应作为你个人专业学习的发展规划。

本章为你提供询问、解释和生成等策略的发展理论与研究基础,而五阶段自我监控策略(REACT)和专业学习日程表(PLA)则代表行动研究的准则。通过学习,你可以运用这些策略来确定及指导学习内容,以及如何关注教学的相关性及全面性。

五阶段自我监控策略提供了结构和问题模式,用于识别和参与对专业学习计划的初步分析。通过这种方式,你可以学会将其与之前的教学小片段的批判性角度区分开来(参见第三章)。你选择某项计划是因为它对你的个人持续专业学习具有重要意义,这样可以进行更多批判性分析、询问、解释和构建,由此进入专业学习日程表(见第四至六章)。专业学习日程表有一个结构和一系列推测、诊断和问题核查,以帮助你理解你的教学,理解学习环境的复杂性并使其理论化。

三、建立"自我调控"行为

为了在个人专业学习中发挥控制作用,一位优秀的教师学习者需要在解释、转化和评估教与学过程中获得高水平的认知处理能力(即智力能力)。重要的是,他们还需要加强专业学习和专业知识,以满足他们所从事的特定教育背景下的教学和学习需求。优秀的教师专注且忙于探究,他们可以为学生提供相关的教学和学习反应,为他们预测和创造新的课程。他们重视具有挑战性的教育方案设计的参与质量,因此也重视自我管理和自我调节能力。

(一)学习意识和学习控制

如第一章所述,专业学习成果源于个人的内部和外部资源。对内部和外部资源以及个体学习者之间的相互作用来说,重要的是有计划地引入学习策略和情境,以最大限度地提高在教师教育规划中实施个人规划的可能性。同样重要的是,你要全面了解教师教育课程的组成部分,以及课程之间的关系乃至他们对专业学习的贡献或影响方式。

> **小贴士2.2**
> 全面了解你的教师教育课程内容与课程安排之间的关系是至关重要的。

有意思的是,尽管大学和中小学所有人员都可能"参与"了教师教育理论及实践层面的工作,但真正经历整个教师教育过程的却是你,因此你能够独具特色地概括你的课程。在大多数情况下,寻找理论化及应用课程内容与教学结构之间的固有联系,就是你的智力责任。

这些内部和外部资源在第一章中进行了讨论。它们由三个相互影响和相互支持的领域背景组成:教育系统(国家和地方)、学校和个人的职业环境。

(二)自我调控的理论视角

首先我们要明白,自我调控的含义是什么?维果茨基的理论提出了一些见解,他认为自我调节不是单一的特征,也不是特征的集合,而是意识特征发展的关键阶段。对个人学习者来说,这标志着出现了一套独特的能力,更高的智力功能及相关的自我能力的提升。一种自我意识的感知与高级认知技能的增强和应用相关联,与教师学习者的理念很契合,并在你专业学习的控制发展过程中获得关于你的信息和参考概念。随着自身专业知识的丰富和专业知识质量的提高,你的理解将随着指导过程中指导水平的变化而变化。在熟悉一系列课堂学习情况后,不断增长的知识理解给你充足的信心,你认识到自己是一位独立的、减少对他人依赖的、充满好奇心的从业者。共同参与指导活动、建立合作关系有利于你的专业学习发展,但也仅限于促进自我管理的初始阶段。

(三)重新认识专业学习过程中的"控制点"

维果茨基将这种自我调节能力描述为"有意识行为",这种能力使得学生能够越来越多地控制自己的成长和发展。通过提升自我的分析思考能力,可达到学习发展的一个关键过渡阶段,在这个阶段你可以从受他人和背景控制的情况,转变成自己行为的发起者和主导者。在这种情况下,思路清晰的询问和解释策略可支撑你制定相关课程和教学反馈。如果对不断发展的专业学习进行有效控制,并确定相关背景和认知策略,那么你就能促使这种专业学习的发生。在专业学习环境中,相关策略意识可在大学与中小学环境中区别开来。这些智力策略是你的专业学习工具,可用于收集、组织和概念化那些源于相互联系的专业学习环境中的想法和流程。自我控制意识使得特定的"文化意识工具"在教育领域中得到使用,其中"文化意识工具"包括以下三个方面。

(1)科学的(有时称为理论的)教育语言,包括心理学、社会学、哲学和教育学的概念,这些概念用于识别和阐述嵌入教与学过程中的复杂性问题。

(2)识别、评估和接受知识,观察和/或接触同事、导师或学习者的策略和技能,及相关教和学的过程。

(3)不同个体的批判性分析,小组教与学的互动,需要智力过程及评论性反思去理解、分析、询问、解释、转换和综合并产生新的课程情境。

你需要掌握这些实践和理论技能,以理解和推广理论到教育文化的实践(或实践到理论)。这种特定课堂情境解释、反馈性教育语言、自我观察方式及理解等,代表着你的教学行为,使你能够更多地在大学和中小学这个教育环境中产生有意义的影响。

> **小贴士2.3**
>
> 在教育实践和理论中获取的语言符号及工具,能使你理解并概括你参与教学的各个方面。

对于所有高智力机能,学生的自我调节能力都来源于复杂的社会交往。只有经过细致的批判性核查、分析和解释后,这些能力才能在具有解释性的、理论化的和生成性的认知框架中被内化,从而使你在实际环境中独立使用这些功能。但是,自我调节并不是自发产生的,它是在社会背景下,例如在自我探究的情况下,或者在大学或中小学校设置的寻求文化的过程中创建、管理和培养起来的。

在大学和中小学校导师以及同学的支持下,你将识别、设计和资源化你的专业学习情境和相关认知策略。这些背景和过程将使你能够通过对框架进行适当的讨论和质疑,以实现自我监控参与者在教师教育课程中的更高的认知功能、承诺和角色。正如本书举例说明的,你的专业学习是在有计划和具有挑战性的专业学习活动结构中进行的,你在大学接受教师教育或在中小学进行教学时都能体验这些经历。

现在让我们思考一下本章提到的自我调节方法中蕴含的内容和背景。在某些情况下,自我调节的内容将根据讨论情况适当地加以放大。

> **自我调节的组成**
>
> ▲调查性过程技能:
> 1. 心理方面、智力方面、个体外部方面。
> 2. 外部社交环境的运行,包括自我观察、质疑、解释、专心倾听对话、互动讨论及反馈。
> 3. 识别、分割、阐述、组织和解释的过程。
>
> ▲批判性分析过程技能:
> 1. 心理方面、智力方面、个体概念性理解。
> 2. 涉及知识和思维技能的解释性、理论化、生成性概念框架的应用。
> 3. 来源于批判性分析的思维技能,包括分析、询问、批判、转化、综合和产生等。

在第三至六章的五阶段自我监控和专业学习日程表策略中,你将习得如何利用这些信息和自我调节过程的创造性技能。

四、发展自我调节能力的关键条件

一些关键性条件和相关观点对于教师学习者的自我管理行为发展是必要的,以便他们可以在个人智力上发展更高层次的智力功能,这就是维果茨基所说的心理内部。

尽管本书的核心重点是管理你的个人专业学习,但当其他人(导师、同事或同伴)作为参与者时,我们还需要考虑对自我监控的外部影响,参与者可以对你复杂的教学过程给出反馈。在本书中,"知情者"一词指的是知道和支持调查、解释过程的中小学或大学人员,以及在这种过程中强调自我调节对专业学习重要性的人。他们不被看作是教学内容和教学的老师,而是作为一个知道和理解自我调节策略及环境的人。作为一名自主发展的老师,你从他们那儿获取知识并根据你的具体目的对知识进行调整。如果你有机会与一个支持你的知情者一起工作,你对自己"好奇自我"的同时,他们也可能会加入有挑战的"脚手架"活动。如果有学术支持,也可以将其概念化,使其得到发展。从某种意义上说,你正在创造另一种声音,在某种程度上它代表着来自社会环境的想法。有时候,知情者的外部互动会触发你具有好奇心的自我内在想法,这种声音将成为你专业学习中强大的问题聚焦工具。现在让我们来看看发展自我调节能力的一些关键条件。

(一)进入自我调节的智力过程

自我管理出现的前提条件是发展具有认知能力的个人思考能力,从而独立地使用自我调节行为。最初你能得到的工具是自我谈话或"内部言语"。在第三章中,预演性主题的自我交谈是作为课程实施前的阶段性探讨。而作为自我交谈背景,自我监控预演阶段用于帮助回忆,然后把计划、信息和经验都在课程的实际实施中体现出来。通过自我谈话,你可以更专注于刺激的感知、概念及分类,从而为你的课堂提供见解和认知。通过这种内在对话从而建立意图的心理表征,预览后提供预测认知和经验的课程内容及教学特点。

策略性知识,或者说如何聚焦和使用自己的思维过程的元认知,与理解如何自我调节的实践及理论学习策略也是相关的。正如第三章所强调的,策略性知识涉及在你有目的地参与认知活动之前所进行的计划,也包括随后评估此认知活动,对你陈述意图的有效性和适当性的反应。使用元认知是学习、解决问题、决策以及对不断变化的专业理解的自我监控的关键因素。

(二)个体的批判性途径

另一个条件变得很明朗,因为你参与情景学习,就会涉及关键分析和解释过程的焦点问题。如果设计得当,可以对他人观察、课堂参与及贡献进行全面评估。这种情境化的内容可能早已成为你在演练活动中内部演讲的焦点。正是对他人及自己的观察、评估和随后创造的教学与学习的内部处理过程,为专业学习提供了机会。通过调查教学和学习背景,以及与其他专业人士、导师和同事进行合作互动,可完善获得的多种智力功能的自我调节组成部分。

阿吉里斯和舍恩1978年提出的"双循环学习"的概念,也增加了使用自我关注和自我调节活动的权威性。当参与者质疑活动变量(如目标、价值观、计划和规则)时,"双循环学习"就会明显呈现。在这样做时,你正在寻找这些控制变量的潜在变化规律,这样就可以改变你对其他潜在策略的思考,以及可能形成的后果。对于阿吉里斯和舍恩来说,当检测到错误,需要修改组织的基本规范、政策或目标方面的错误时,就会发生"双循环学习"。他们认为,为解决专业学习问题,重要的是要质疑影响环境的变量,并让他们接受严格的审查,而不是立即跳到另一个策略。

个体的批判性途径至关重要,因为它改变了策略和结果的分析框架,重新构建了综合方式。这表明,批判性审查过程所采取的思路越深入越全面,对你的理论和概括的支撑就越多。当你的注意力集中在试图理解课堂教学的复杂性和你所处的位置时,这就是一种从偶尔遇到的困惑和不一致中寻求澄清和指导的有效方式。

(三)"知情者"角色与合作互动

如果知情者能够参与到专业学习的聚焦和澄清中,那么后面的内容值得一起考虑。这里的知情元素涉及他人对专业学习的自我调节立场的知识和承诺,这是本书所强调的。知情者不仅仅是一个被认为比自己拥有更多知识或教学意识的同伴。

你可能会想起某段时间,当你与某个人进行了建设性的高效互动时,你们会自信地去冒险,尝试一些你们认为可能适合这种情况的方法。是什么互动对你有用?你能回想起这种支持和指导如何影响你所从事的工作吗?以及你和他们如何参与?你能从这个经历中得到什么?你能否将你对此的理解应用于你当前的角色?理想的指导体验是在相互信任和尊重的支持性学习环境中进行的。你与参与者和知情者协同合作,以适应社交互动,追求开放性对话,让现在的专业知识和理解能够被提出、质疑和审视,而不必过分关注获得的正确回应。通过想象自己在预测提问时的各种可能,针对其预测问题,为这次讨论做好准备,这有助于澄清你的意图和回应。

在获得新知识和新技能的初始阶段,你希望向你依赖的知情者展示积极的一面。戈夫曼1959年提出,当与其他人接触时,个体会试图通过改变自己的表现风格以及展示知识和理解的方式的第一印象来引导他人。你需要保持自在和自信。因为你的同事们会认为,你所提供的有关学习情况的评论和回应,与你职业成长的当前阶段是有关联性的。

(四)"好奇自我"的出现

在重要讨论面前,如果有一系列合作伙伴时,你会发现自己越来越能够预测出下一个探测性问题,而且这个问题能挑战你现有的专业知识和理解。在本文中,教师学习者所特有的好奇心,基于建构主义的视角,被定义为对知识的渴望、好奇,从而给予调查和研究。或者,正如阿尔伯特·爱因斯坦所说的那样:"我没有特殊的才能,我只是十分好奇。"真正的挑战可能是刺激你的好奇心,因为几十年的传统、正规的教育会掩盖你的好奇心,因此你需要发展你的才华,使自己充满好奇心。

开发自我好奇心的第一阶段是,尝试将不确定性的新策略或教学技巧引入现有课程,"我了解这种技术的基本特点,现在将开始使用它。"为什么?因为"我知道如果我有效地引入这种变化,对于学生和我自己来说都是一种享受。""好奇自我"的第二阶段是,认识到没有唯一正确的程序选择。为什么?因为对那些学习者和我来说,学习环境具有独特性。如果通过教学和学习经验进行自我推理和即兴创作,那你将获得个人成就感。如果这个过程也涉及对所取得的教学和学习成果进行批判性分析和解释,并有可能对内容和过程进行调整,那你将获得重要的学习机会。正如布鲁纳所建议的那样,"开发你能做到的最好的教学方法,看看你能做得多好。然后分析你所做过的工作的性质。"这个做法会为你正在进行的专业学习体验提供控制及构建机会。

> **小贴士2.4**
> 教师学习者的好奇心包括对知识的渴望、智力性好奇、研究的应用以及对自己工作的深入透视。

不断重温"我在教学中对知识有什么好奇心,这如何引发我在思想和行动上的创造性反应"这一问题,会激发你不断使用专业学习问询。你使用的一种调查方法，需要你进行批判性分析和解释，需要你适应一个有意义的开放式的自我谈话过程，也需要适应你自己的技能和信心水平。在具有更高责任感、更严格遵守的课程以及课堂日常工作高强度的压力下，教师学习者可能会觉得自己不能够随时进行高质量的、持续性的和批判性的分析与解释。但哈彻警告说："要让教师创造新的实践而不仅仅是吸纳已有经验，那他们不仅需要实践知识，而且还需要理论知识"。

针对这种警告，专注问询的学习策略需要考虑理论和实践，考虑在解释和应对变化多端的计划方面的综合潜力。作为教师，有必要将询问和解释性的语言带入你的调查工作。

你将会看到，五阶段自我监控（REACT）和专业学习日程表（PLA）查询策略并不仅仅关注理论对实践的深入思考，还旨在挑战你参与分析和综合思考过程。这些策略还可以为如何在理论上描述你的实践提供权威的回答。在提供信息以满足教学或内容需求方面，通过创建好奇心的认知维度，这些过程还促进了基于开放式和多样化的探究环境的更加具有可持续性的审查。这代表了对实践的不同关注程度，并且这样做提供了产生多样反应的可能。

这种专业学习的探索方法要求你有新的见解。这是通过调动有效的动力使熟悉的事物陌生化，反之，在教学和学习环境中使陌生的事物熟悉化。这是从人类学的角度提出的，研究人员在研究环境的过程中，努力使自己熟悉并尽可能在人类学上有新的发现。因此，在对课堂操作的批判性分析中，你要挑战自己对学习环境及在学习环境里发生事情的假设。要求你看待事情、行为或想法不要流于表面，或者不要用你原来的想法去思考它们，认为这样的特点是新奇的，并努力从全新的和不偏不倚的角度来探究和解读。请记住，你已经在教室里度过了许多年，并且可能会有一些你不需要学习的东西（Smith，1967；Frank，1999），这种动态的紧张、陌生而熟悉的现象，使教学的复杂性变得非常重要。创造机会，你能像贾纳斯一样在实践之中和实践之外寻求理解，从而有目的和有挑战性地培养分工明确和适应能力强的人员。

> **小贴士2.5**
> 将所有观察到的教学活动视为人类学上的陌生现象，并从不带偏见的角度对其进行解读。

按照哈彻2011年的说法，如果缺乏经验的不确定性变得更易管理，那么你必须认识到，更复杂的学习和新实践不仅是获得知识的结果，同时也是产生创新经验的结果。虽然人们已经认识到，面对日益增加的课程压力和新的报告系统，缺乏时间的教师学习者可能会寻求确定并且简单的方法。但这种看法需要将教育过程和实践结合起来考虑,"这些教育过程和实践倾向于以非线性为特征,输入(教学、课程、教学法)和输出(学习)之间存在着不可预测的差距"。所以,愿意花时间勤勉而有效地回顾课堂实践非常重要。为了做到这一点,你要确保有足够的时间进行问询和解释,你必须接触且习惯于问询和解释策略,这些策略能促使被定义为"不可预测性"的预期意识发展。这是一种好奇心,可以帮助你回应课堂的不确定性。所以,当你扮演这个角色的时候,成为最有可能的"好奇自我",让你的专业学习独一无二。

除了考虑这些关键条件,以及建立自我调节方法的相关观点之外,在任何教学和学习情况或专业学习计划中,无论是在实践还是理论上,对复杂程度不同的讨论和行动会有更多恰当的回应。本章后面部分作为专业发展活动的重点,介绍了专业学习计划的确定和应用。

在下一章中探讨的五阶段自我监控(REACT)中强调了专业学习过程的一个重要目标是,提供机会来创造试探性、解释性、理论化和生成性的概念性知识和技能平台。这些平台或框架需要通过查询相关理论、研究和实践来作为参考,以便继续进行调查和批判性反思,可以确定的是,在开发教学和学习意识的早期阶段,你对专业学习的任何方面的想法和反应,以及不同程度的复杂性或全面性都具有价值。单一的正确回答没有意义!当你获得更多关于参考研究和理论之间的关系的知识和理解时,你对于使用什么样的实践,可以随心所欲地做出有用的反应。为了进一步提高你的问询和解释技能,你应当扩充经验和尝试新应用。

在所有与他人或你的好奇自我进行的专业学习互动中,你正在进行的个人知识和专业知识创造背景下的"发展的反应"是非常重要的。你知道这将在后期学习经历中对进一步改进和应用提出挑战。

第一章讨论了维果茨基关于最近发展区(ZPD)的想法,帮助理解在专业学习支持过程中如何管理和加强你与知情者之间的互动。知情者需要采取一种批判性的质疑方法,以避免"告诉"或"指导",甚至"尽我所能地为我工作"的建议。在不依赖任何固定想法的情况下,你可以达到与你当前的概念框架一致但又受到挑战的专业意识水平。正如已经讨论的那样,专业互动框架的尝试性和开放性,对于促使你吸收或适应新的具有挑战性的学习至关重要。

五、自我调节视角的总结

为了在社会和认知方面发展自我调节行为,你首先需要有机会参与其他调节互动的学习情境。其他调节意味着你将作为另一个人的调节行为的主体,就像在与导师、同事的许多互动中发生的一样，就像作为调节他人行为的演员，这些可能发生在与同龄人或学生的互动中。当他人被有经验的导师雇用时，他人的调节不仅仅是告知还创造了一种分析和解释的方向，也可以巩固你对特定教学和学习情节的理解，并鼓励你产生可能的回应，从而在未来的教学中引入和尝试。

以这种方式工作，知情人（以及越来越多的好奇自我）应该旨在对任何已确定的教学假设和解释进行公开、合议和挑战。不需要专业支持来为任何学习事件提供完美的解决方案，而是唤起你已有的知识，了解为什么以及如何知道知识的重要意识，并根据你当前的理解和情境意识提供可能的反馈。

同样的，与同伴或同事一起的教师学习者应该有提问和交流的机会，以加深对专业学习情节的理解，因为大家都可以对其相关情节进行批判性分析和解释。这些支持性关系可以为教学同事提供一个机会和期望，从提问和回应的角度考虑专业学习计划。提出探究性问题需要师生的分析和生成反应，也需要提问者制定自己可能的反应，然后与教师学习者的反应形成对照，这是双方共享专业学习体验的过程。

要考虑自己如何与一个可能处于发展教学意识相似阶段的同事分享解释性、理论性和实践性的专业知识。在某些情况下，在这种合作关系中，你将参与其他调节，以增强和完善你的调节技能和流程的个人策略，这些机会可能发生在学校体验期间或在大学课堂的简报和汇报过程中。这些合作学习互动更可以扩展到大学的学习单元，在这些学习单元中，能加深和厘清你在发展过程中获得的知识，并能与其他参与者正在达成的意义并列。关于专业学习在何处以及如何发生的公开观点挑战了这样一种观念，即主要通过与一群学生在课堂上合作成为一名教师，让更多实践成为完美的典范，在复杂的教学和实践过程中，实践也是必要的。

关于你的专业学习目标。通过回顾前面的分析可知，评估自己的职业发展，需要识别和创建一系列有计划和有管理的机会。以这种方式掌控专业学习，可实现专业知识水平的完整性和卓越性，并将其贯穿于整个教学生涯。本部分已经确定并探索了一些理论原则和观点，用于评估自我调节方法，让你的好奇自我和你的专业学习与他人产生互动。第三至六章探索了这种方法，并提供了自我调节策略，以便在对专业学习的系统性认识中挑战和指导你的关键评论和解释过程。这些策略可用来拓宽和深化你严谨的教师专业的知识和理解，以便对课程和学生的需求与能力做出反应。但是如何构思和解释这些专业学习过程呢？如何探索自我调节专业学习过程的概念模型呢？

六、探索自我调节专业学习过程的概念模型

图 2.1 代表了教师学习者参与其专业学习的两个确定的领域(实质性领域与句法性领域)之间的紧密联系和互动关系,它代表了教师学习者特有的专业学习课程。

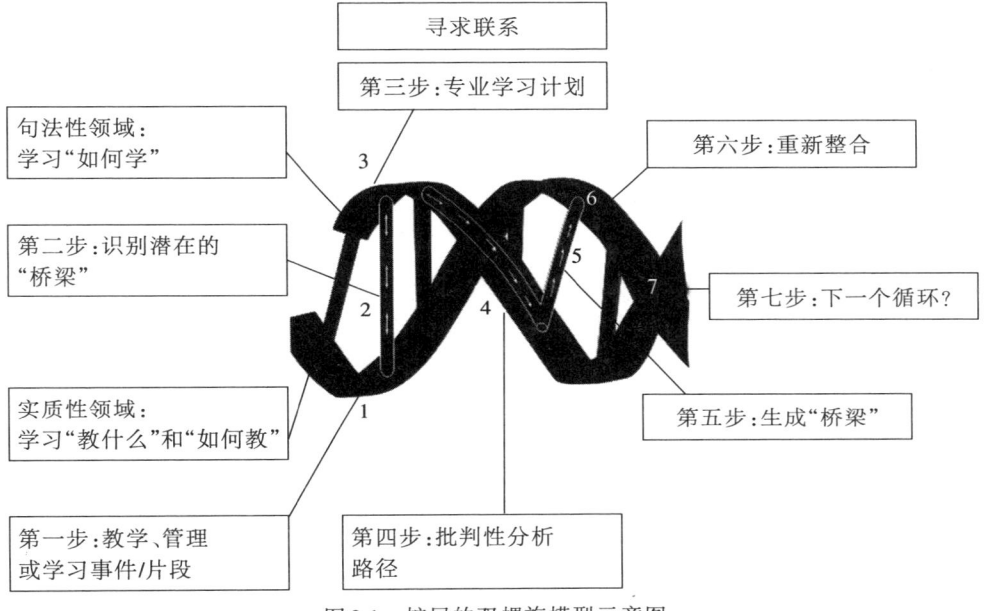

图 2.1 扩展的双螺旋模型示意图

实质性领域:学习"教什么"和"如何教"。

句法性领域:学习"如何学"。

第一步:教学、管理或学习事件/片段。

第二步:识别潜在的"桥梁"。

第三步:专业学习计划。

第四步:批判性分析路径。

第五步:生成"桥梁"。

第六步:重新整合。

第七步:下一个循环?

该模型显示了专业学习课程的两个紧密相关的领域:实质性领域(学习"教什么"和"如何教")和句法性领域(学习"如何学"),它说明了从这些实质性领域和句法性领域之间的相互作用演变而来的专业成长。该模型源自课程设计概念,并从

施瓦布1978年和舒尔曼1987年的课程知识理论及教育学理论中理解概念。施瓦布1978年将学科的这种维度进行了阐述。

（1）实质性领域：它代表了课程构建中有关事实、概念、主张和原理的陈述，因此成为课程的内容；

（2）句法性领域：或者说是引导课程的程序性知识或课程的教学法。

概念模型的实质性领域代表你参与的教师教育计划的课程，因此包括所有教学法和基本教育学科的内容，如心理学、哲学、社会学等。从这个角度来看，实质性领域包含了教师教育课程中有关理论及实践领域的实质性要素和句法性要素，例如，一所作为教育社会学研究单位的大学，也包括社会变革理论、冲突理论、结构功能、平等、可持续性和全球化的概念，还包括信息收集研究和人种学等问题。因此，教师学习者正在获取学科领域的实质内容和句法过程。图2.1代表了这些相关的课程设计特点。

另一方面，概念模型的句法性领域，代表了教师学习者用于研究教师教育课程领域组成部分的社会探究及认知探究技能，它包括你从自身经验中获得的知识和理解。这些社会和认知分析过程（在第三章和第四章中详细讨论）包括从课堂经历中识别、收集和整理的信息，并在课程的实质领域运行，但你专业学习中教学片段的某些元素可能会被剥离。专业学习计划（PLI）在句法性要点中进行批判性分析、问询与解释。教与学的反应能够在正开展的教学活动中生成专业学习计划，它的分析和解释处理在第四至六章中有详细说明。

专业学习计划（模式的第三步）通过使用教师教育课程内容和教学法中的知识库和结构，在专业学习的实质领域中确定。这个计划在句法领域内的批判性分析路径（第四步）中进行知识检查和细化，并通过生成"桥梁"（第五步）将相关反馈纳入专业知识和理解的后期阶段。你将注意到这些步骤是如何放置在模型的发展序列中的，它是一个向前发展的循环，在这个循环中，专业学习的主动性得到确认并进行批判性检查。你的反应结果将重新放入实质性链条中，以便在你的教学和学习计划中进一步应用。图2.1中标出了每个阶段，方向箭头显示了分析、解释和生成过程是如何确定的。

从课程设计的角度继续来看你的专业学习事件和反应，这可以通过你的调查和解释性语言以及相关流程审视学习事件的内容和方式。以这种方式感知专业学习可能看起来很复杂，但实际上它是你操作句法过程及你参与教学过程中所形成的实质性领域的内容。虽然每一链条都可以分别进行感知和分析，但只有当它们被认为是整合过程，同时发生并互联互通时，你才会有启发性和创造性的专业学习。

七、两个领域的方向和相关性

扩展的双螺旋模型(图2.1)代表了这些内容彼此如何相互关联并支持获得专业内容及课程与教学的过程知识,以及作为一个好奇的教师学习者如何通过学习的理解、验证和提高而成为一名高效的教师。如图2.1所示,通过识别潜在的"桥梁"和批判性分析路径,双螺旋模型认为这种关联存在于专业学习课程的实质性领域和句法性领域之间。这两个方向是如何相互联系和相辅相成的呢?让我们简要回顾教师专业学习中不同类型知识的区别。

在舒尔曼1986年的心智图(也在舒尔曼和格罗斯曼中发现)和施瓦布1978年观点中,实质性知识和句法性知识之间有明显的区别。实质性知识包含内容领域内的关键概念、概括、原则、结构、事实和解释性概念框架,在教师教育中,这涉及课程和学习环境。句法性知识则与论证规则、事实陈述、问询性质以及如何引入和接受新知识和理解有关。简而言之,句法性知识的概念理解是关于如何发现、启发式探究方面的内容。

(一)实质性领域:学习"教什么"和"如何教"

学习"教什么"和"如何教"涵盖了所有内容知识,包括概念、总结、事实、技能、社交、学术、思考过程、态度和价值、范围和顺序以及相关的教学应用,乃至教师学习者在他们选择的教师教育课程中,工作时所从事的理论输入。这些领域存在于大学和中小学学习环境中的教师教育课程学习单元中,这一方向致力于从大学到中小学人员向教师学习者传授有效教学所需的理论和实践知识。因此,这种模式所代表的实质性方向,是教师教育课程中普遍存在的完整内容和学习单元,以及由专业人员掌握的实践知识。相关信息和建议也可在课程文件中获得,包括国家和地方层面的相关信息和建议,以及在第一年和随后的教学中的在职专业发展经验,这是你准备课程和后续课程的主题内容及相关教学过程的重要组成部分。因此,具体的学科内容和教学课程,加上基础学科的理论和研究信息,为你提供了综合性课程的内容和过程。在这样的课程过程中教师学习者会意识到,无论他们是在大学还是在中小学,所有参与的师范教育人员都会提供理论和实践支持。

为了确保理论和实践以及专业学习过程的互惠性,你必须与这些教育人员共同认识到,需要阐明所有指导原则在理论和实践中的表现,以及它与专业学习的各个方面的关系。大学是你学习理论的地方,中小学是你学习更重要的实践反馈的地方。有效的教学需要依赖于这两种学习环境,以便将相关性和一致性引入到教学过程中。相关的学习策略和教学法可以得到有效的理解,并得以进一步加强,这是因为实践经验本质上就是教育基本理论与原则的特定性应用结果。

专业学习中的专家要素是需要重点强调的,它能使你变得自律。当你挑战或更新你的计划、教学法、评估程序及提升自己理论理解时,专家要素可以通过内部控制实现更远的发展。以这种方式管理教学和学习的教师越来越有信心制定相应的课程反应,以应对他们在课堂上遇到的不确定性。老师必须在课堂上注意许多声音,这些声音将引导他们与学生和教学计划进行互动,这些学习者的声音(以及他们自己的内心的声音)及其相关的行为,为教师提供了重要的信息。敏锐的关注力能让这类教师既具备理论知识,也具有探究精神,以及可供他们使用的潜在生成策略,这些策略鼓励他们参与而不是逃避出现的挑战或不确定性。

由于教学可能涉及复杂交互环境中的不可预知的情况,因此获取认知策略以识别、询问和解决可能发生的问题和条件至关重要。同样重要的是,你在认识到这些情况具有挑战性的前提下,推进学习的潜力时所考虑的反应将为你提供激励,以寻求更持久和变革性的教学风格。这些颠覆性的减速行为可以为你和你的学生创造机会,帮助知识的理解。以下部分描述了如果要了解课堂学习环境的复杂性,你需要掌握和应用的高阶认知过程,这就是干预措施和教学以及教学方式的反应所在,并且可以变得易于使用。

(二)句法性领域:学习"如何学"

这个链条的重点在于你如何开发、维护、参与和评估你的初步概念框架,便于你参与教学过程中获得的信息相互作用。通过这样做,你可以了解如何亲自构建专业学习,然后根据需要实施。这种持续的概念意识本质上是尝试性的,以便能够在遇到新的理论知识和实践经验时引入、澄清和随后修改变化。这是专业学习的发展特征,其在教学和学习情境中的反应方式不断被仔细研究和更新。

皮亚杰1977年提出了类似的理论原则,他解释了智力图式将新信息吸收到概念理解中的过程,或者需要修改现有图式以适应这种新的具有挑战性的输入。因此,更重要的是,概念框架应该是尝试性的,以促进新的经验或想法被接受。由"假如……"提问引发的重点和持续推理,将提出你对工作更高的要求和期望。

你增加具有挑战性的想法或准备特定表达知识时,你自己的问询和解释过程以及你对潜在反应的理解和识别就将变得更加复杂。专业计划会融入当前的概念框架或其修改后的更新版本中。一个教学和学习行为的认识,通过解释及行为反应,可能永远都不会有最终版概念框架,但会不断进行审视与改进。

双螺旋模型的交互式(图2.1)显示,当你参与教学及相关活动时,应用"教什么""如何教"和学习"如何学"的方向,就能感受到二者的相互关系,这样就会产生有意义的问题和解决方案,双螺旋模型代表了基于探究的再次体验过程与专业内容。因此,它表征了已确定的单一实例,即从教学事件中得出的专业学习计划,以及计划的先行和背景影响,还有对获得这种学习的发展性和连续性的理解。

如图2.1所示,在审视每一个具体的课堂教学情节/片段(第一步)时,依照观察和讨论的心理交互等社会意识过程,确定初步的"调查桥"(第二步),这使你可以收集、整理、澄清、组织和管理信息,以便确定专业学习计划(第三步),然后将这种主动性纳入句法领域并进行批判性分析、问询和解释(第四步)。这种发生在句法导向中的概念性框架,使得潜在的反应能最终产生(第五步),然后重新整合到实质性的教学和学习活动中(第六步)。这个"循环—前进—循环"过程代表了你如何理解并不断提高你的专业学习。下面的知识框显示双螺旋模型的步骤是怎样进行的。

> **双螺旋模型的步骤**
>
> 第一步:审视和识别专业学习计划(PLI)中的教学与学习事件或片段。
>
> 第二步:识别联结的"调查桥"。"调查桥"是在句法导向中创建的,为了下一步的批判性评论,"调查桥"提供了社会环境在心理过程的应用。
>
> 第三步:专业学习计划被引入句法领域进行分类和清晰化。
>
> 第四步:批判性分析路径将在专业学习计划中分析、审问、解释和理论化。这就是你的心理智力技能用于批判性分析的地方,并且可以识别出潜在的教学和学习反应。
>
> 第五步:生成"桥梁",是那些潜在的教学和学习反应被精炼、转化为反思性知识并进入实质领域的过程。
>
> 第六步:这表示将所选择的教学反馈内容,重新输入到教师学习者的后续规划中。
>
> 第七步:在模型上标注"下一个周期",这一步将通过审视和识别下一个教学事件或情节来展示此专业学习过程的持续性,因此需要你注意一个新的专业学习计划。
>
> (注意:随着你能力的提升,执行该序列信心的增强,许多循环前进过程将同时发生。)

通过对上述一个专业学习计划案例的解读,说明了专业学习计划如何与教学事件的背景相分离。例如,可以从教学片段中识别出与专业学习计划相关的"教师提问管理",这存在于螺旋模型第一链的实质性知识中,还可以通过与第二链句法相关的专业学习策略来进行批判性询问、分析、解释、理论化和重新语境化。识别和情境化以及后续查询的过程,被认为存在于代表专业学习课程的双螺旋两个交织线中。在这里,基于课堂的实践学习,"管理质疑"以及理论创新或研究,都可以结合并形成个人构建的探索策略,从而启动、发展和重构个人专业学习过程。

对你而言,专业学习的目标是将已有知识、未知知识等认知通过集中和概念化方式构建起它们的联系。围绕与课堂事件相关的理论、生成过程及其确定的专业学习计划,能辨别出这些关键联系体现出的一种持续的复杂表征。这些过程为你学习更广泛的概念框架提供了后续变革的可能性。双螺旋模型中显示的"桥梁"或"路径"表示专业学习情节及其理论和实践环境,以及你用于了解该程序的查询过程之间的相互关系。该模型还说明了澄清、理解及反馈性批判分析的过程和策略,这些过程与策略可以增强相关教学行为的主动性。

专业学习策略的理解、分析、问询、解释、转换、综合、生成和评估的概念化过程,支持着这一个学习周期中有价值的反应和结果。而"管理质疑"这一举措可能会通过这种探究和生成循环向前推进,当你获得越来越多的执行控制权时,你会多次处理该计划产生的潜在反应。

> **小贴士2.6**
> 寻求"已经知道什么""想要知道什么""关注方法及概念化相关知识"这三者之间的问询策略和联系,对于提升专业理解是至关重要的。

你正在进行一个专业学习的循环,即不断寻求超越眼前的学习成果。循环前进的过程充满复杂性和凝聚力,充满了课堂教学和相关专业学习活动中的新实践和理论总结。

八、建立批判问询意识

这个初步的概念框架要有效地运用于提高专业学习的教学意识,需要什么条件呢?基本的是,需要一套定义明确的结构化策略来识别、描述、审视、解释和综合教学行为。你可以用这些来理解和回应教学和学习情节,从中你可以形成一个专业的学习计划。这个提议可用于你在学校学到的具体教学行为或技能。

首先,你要选择一个教学片段且提出其简洁而明确的重点,它能够为你的批判性问询、反馈甚至提升你的专业实践发挥作用(更多细节描述详见第四章表4.1)。这个重点需要清晰明确地表达出来,让它成为专业学习计划,专注于专业学习计划的自我调节过程。

其次,有必要汇集获取知识的策略,这些知识与已确定的专业学习计划相关,或者是产生相关教学反应所需要的资源。例如,教学法是什么?实践或理论理解是什么?你从对你有挑战的某个方面教学情节中抽象出计划,你的理解和推理过程使你能够在这种情况下做出回应。进入批判性理解这个过程是必要的,这个过程可以通过分析和解释一系列有用信息来获得。因此,需要对这些理解和你的潜在反应进行分类、整理和分析,以适应相关的后续应用。

最后,提出或发展能引领你进入课堂的策略,以满足对专业学习计划的教学和学习反应。在反应过程的这个阶段,将使用或提高教学模型、策略和技能的意识,你将收集并专注于说明性资源,这将丰富你的教学或课堂管理。第七章提供了有关此教学法的详细信息,以及如何将创造性的和相关的反应引入你的教学准备和计划。

现在也是考虑如何评估这些生成反应的实施情况的时候了。如果正在权衡新战略是否会永久性地引入或拒绝不断发展的专业知识,那么评估性理解就会非常重要。如果尚未找到适用且有意义的回应来满足你计划的教学需求,则有必要对其进行审查并重新关注专业学习日程表程序中的关键阶段。这是为了重新理解和扩展你的教学方法,以便为班级群体进行相关教学,这是你的调查和反应生成过程合法性的重新调整(第四至六章有更多内容)。

九、专业学习模式回顾

让我们回顾并再次强调,在你获得教学知识和技能的过程中,所开发的专业学习框架中的两个方向(学习"教什么""如何教"和学习"如何学")是什么关系及如何互动的,这个组织结构代表了你需要获得的批判性理解。你将自己置于个人专业学习课程中,其中句法部分使你能够控制和指导你的教学,以便更有效地参与课堂。这是一个整体视角,强调你作为一个自我调节的、自主的教师学习者的能力。

如果对计划所嵌入的教学情节进行结构性和概念上的连接,那么专业学习计划的概念化最有可能发生,这种计划被嵌入到你的批判性分析和解释中。你会发现专业学习计划(PLI)的自我调节程序将为你提供指导和支持。正是这些过程形成了解释和分析连接,跨越了双螺旋模型的概念链。该模型的句法意义和实质意义被概念化为互补的专业意识过程:五阶段自我监控过程(第三章)和专业学习日程表(PLA)的自我调节策略(第四至六章)。一旦对这一计划进行了探索和批判性审查,所产生的反应就会被"提前"引入一种改进了的教学和学习策略,以探索教学内容和教学方法。双螺旋代表了一个过程,通过该过程,一个学习计划的结构或功能被适当地识别、描述、排序、结构化,并与"学什么"和"如何教"领域的理论及实践维度(即内容和课程的教学过程)结合。双螺旋演化过程中问询策略的批判性分析、理论化、解释和生成,则应用于呈现联系——两条链接中的"桥梁"和"路径"。

关注可以产生专业学习计划的教学事件,意味着捕捉教学中的关键时刻点,留下了教学和学习的"快照",它使你能够专注并积极响应你的专业实践。通过集中分析、解释和产生回应,倾听及关注课堂活动流程中的这些短暂时刻,你可以创造出突出的专业学习体验的跳板点或触发点,而这些体验专门针对你的发展。为了实现对专业学习的识别和澄清,必须简明扼要地描述所创建的计划。关于专业学习计划定义性质的建议,将在第四至六章中通过专业学习日程表的方式加以阐述。

十、结语:理论从哪里来?

经过几十年的教师教育改革,政策制定者和大学教育工作者意识到,学生在学校学习的内容与教师的教学内容和教学方式直接相关。因此,成为教师的学生会说:"教师的教学方式取决于他们为教学带来的知识、技能和承诺,以及他们持续学习及从实践中获得的经验。"

如果来自教育部(也可能是教科书)的教育政策导向要求教师通过学生产生更有力的学习,那么核心的是教师,特别是那些被视为初始教师学习者的教师,因为他们有更强大及更具有挑战性的学习战略和机遇。鲍尔和科恩补充说,除非教师能够在自己的职业道路的各个阶段获得持续的学习机会,否则他们不可能参与到他们学生的一切学习活动中去(2014年)。

我们认同这些有关教师教育者的观点。通过自我调节观察和探究策略的使用,教师学习者在发展精细教学设计与复杂学习方面可能受到挑战,这些学习可以启动和扩展他们的操作能力,使他们能够丰富教学专业知识。

本文中的策略是直接回应诸如费曼·内瑟2001年提出的问题而形成的。例如:在教学的早期阶段,教师学习的中心任务是什么?你需要掌握和尝试触发智力习惯和技能的策略,包括自我观察、解释和分析,以发展和改进你的实践。为此,你需要创设好的机会,将理论与实践联系起来,发展高阶认知技能与策略,并通过集中观察与批判性探究,培养分析、解释与创造的习惯,这是你理解和应用重点研究及理论能力的重要方面。

换句话说,你可以将你的教学实践作为一个问询设定。这要求你重新调整疑问中的任何隐晦和不确定内容,尝试新获得的技能并评估其效果;然后制订新的问题和学习计划,以修改并扩展你对理论及实践影响的知识理解。你的参与需要融合你自己和他人的观察、分析和解释,以及对现有方式提出挑战并接受不同观点和解释的开放态度。你需要培养一种自我信念,即认识到以这种方式形成的知识和理解对于这个时间点是正确的,但需要持续地阐明和改进。

持续的元认知及教学提升实际上可能是很难的。本文中提供的具体自我调节策略将为你提供目标、自我监控和自我调节方法,从而实现这种专业学习状态。尽管在本文中说的是"自我"控制的方法,但如果有"他人"参与也可以做出有效的贡献。由于教学的孤立性,你需要和其他人有讨论、分析和预测教学的机会,共同研究常见问题,并寻求替代解释和潜在行动。当你学习如何在理论及实践结构中,明确且正式地讨论具体的教学实践,并在分享不确定性中寻求澄清和指导时,你需要进一步发展和巩固用于批判性审查的初步概念框架和正在进行的专业学习活动。通过这种互动,你将强化自我问询的知识、理解和行为。

本章小结

大多数情况下,教学是非常个性化的,甚至是私人活动。教师独自在课堂上工作,一般在标准的大框架下且处在其他同事视线范围之外,处于互不干涉和有限权威性背景中。因此,应当注重教师教育项目的初始安排及延伸,将新教师真正地看作能胜任工作的学习者、一个将面临理论及实践挑战并以好奇和分析方式应对的学习者。本文的策略会让你意识到你有潜力成为自我激励和自我调节的专业人士,能够为你挑战自己找到合适的解决方案。本书的相关策略将为你提供经受过验证的解决方案,甚至可以让你更有效地迎接下一个挑战。

第二部分 教师专业学习策略

第二部分主要阐述了专业学习各要素的具体策略,包括识别、问询、解释和创造性地回应等策略。这些策略还能让知识渊博的人,如导师、同事或同伴为专业学习过程提供深刻的见解。

这些策略模式的探索着重于其实用性,从而可建议其他专业人员如何提供支持。教师通常会感到自己在孤立的环境中工作,在这种环境中无法立即获得同事的支持和信任。与可能遇到类似专业问题的人的互动对于你的情感和智力意识都非常重要。

在本文中,当你习惯使用这些专业学习策略时,你会发现,你可以得到包括扩展性知识和技能领域等更多相关的外部支持。

在本部分的各章中,尽管重点是将自我观察与自我监控作为教师学习者的自我调节方法,但同时也提供了有关如何引入志趣相投的专业人员并为其提供最大支持的指导。通常,在专业学习日程表的每个阶段描述的末尾有一个作为指南的小节。不同阶段有其他人的参与则可以增进你对专业学习过程的理解。在复杂的教与学的环境中,作为积极寻求知识和理解角色的教师学习者,能够从自我批判意识中产生专业学习日程表时,你就可以更有效地实现专业发展。作为有好奇心的你,会发现自己想要弄清楚的有关采取行动和思想的问题。从这个意义上讲,你正在增强自我监控角色的有效性。

你的专业学习始于你自己的批判性分析和解释,并可以因为其他人的支持和贡献而得到提升。但至关重要的是,你必须对自己不断发展的专业意识保持控制。这种自我监控策略首先是通过思考提供的一些理论的概念和过程来引入的。尽管这里的理论和研究信息旨在为你的专业学习提供对这一特定方面的理解,但你也会发现,相关理解实际上也能够扩展你对自己学生学习方式的认识。由此,适用于你的持续专业发展的学习理论也可以在支持学生学习时应用。

第三章　实现教与学的自我监控

学习目标

通过本章学习,你能够做到:

1. 详细了解自我监控策略的五个阶段,通过分析你的专业学习成果,理解各个阶段的目标和它们的潜在应用。

2. 逐步了解那些提供解释性框架的知识和技能,而解释性框架有助于你观察、分析及后续的专业学习主动性。

3. 培养你的想象力,使你的课程内容和相关的教学技能在教学前的预演中呈现出来。

4. 能够批判性地分析和解释所观察到的现象与问题的理论意义及现实意义。

5. 能够确定你的专业学习日程表策略中的专业学习计划,以实现后续课程的调整和实施。

6. 能够为你的教学团队创建相关的、差异化的学习方案。

7. 作为一名教师学习者,你能够形成对自身的批判性认识和全面理解。

一、引言

本章中,自我监控的概念被定义为一个人参加、检查、评价和判断自己参与认知活动的质量与重点的智力能力(班杜拉,1991;克莱特曼、斯坦科夫,2001;科赫,2001)。个体学习者在获得最佳学习技能方面的有效监控认知过程的能力可以增强他们对学习策略的运用,并达到更深的认识,以辨别、适应和纠正他们不完善的知识库。

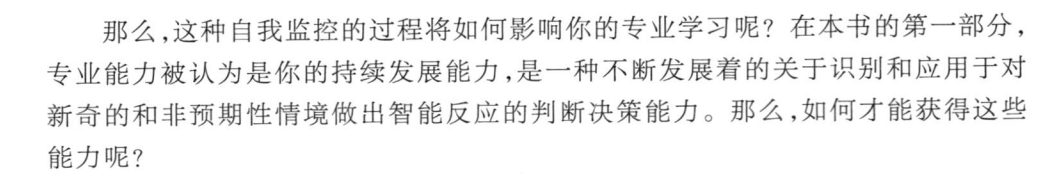

那么,这种自我监控的过程将如何影响你的专业学习呢?在本书的第一部分,专业能力被认为是你的持续发展能力,是一种不断发展着的关于识别和应用于对新奇的和非预期性情境做出智能反应的判断决策能力。那么,如何才能获得这些能力呢?

二、角色定位:作为学习者的教师

教师学习者在自我定位的时候,一个重要的目标是分析自身关于学习的相关知识和理念,分析自己作为学习者的理念。教学活动所获得的感受,要以你的教学经验创造一个解释性框架,使你不断发展的专业意识得以修正。

未来的教师需要机会来批判性地审视他们那些被认为是理所当然的、又根深蒂固的理念,以便使这些理念得到改进和发展。同时,实习教师和新教师又必须设想一个可能或者可取的教学情景来指导他们的专业学习和实践。这样的情景对具体的课堂教学实践具有重要的价值和目标导向意义。(费曼·尼姆塞尔,2001)

你自己所具备的这种关于学生学习思想的批判性意识以及对你的教学经历产生的影响,会为你后续的学习和准备提供重要的框架指导。奥蒙特和维蒙特2001年提出:蜕变成为一名教师,通常需要经历从关注自身到关注教学,最后延伸到关注学生参与教学和学习的过程(富勒也有类似阐述)。

为了明确地模拟一个有用的和具有挑战性的学习过程,对于教师来说,重要的是:我们要理解并认识到自己是主动的、自觉的和策略性的学习者,并且是有能力去选择和引导课堂过程和课程内容的,使学生达到他们计划的学习目标。教师需要明确专业意向,监控自己对教学过程和学习过程的认识和理解,进行批判性评价,并适应不同的教学要求。这是因为教师正在创造越来越多的学习策略,以适用于不同的教学和学习环境。这样来看,参与自己专业学习过程的教师学习者同时也扮演着自我调节(巴里·J·齐默尔曼,2002)和价值主导型的学习者角色(维蒙特和维梅滕,2004)。

三、教师自我教育的专业学习策略

为了支持你的自我调节式专业发展和个体知识的创造,你的教师自我教育计划需要引入一定的学习策略,这将会"发展和改变你目前固化了的认知框架,改变你以往对构成良好的教与学的要素的理解"(奥蒙特和维蒙特,2001)。

然而,温伯格和麦库姆斯认为:目前只有不多的教育学方法能够让教师学习者以学习者的身份批判性地审视自己,这些方法可以帮助他们理解并扩展他们的教学实践和学生学习方式,而这一切都基于他们对自己和学生学习的理解。

(一)自我监控策略

本书所提及的专业学习策略能够为你提供一些认识和探索自身动机信念的方式以及学习策略,从而帮助你进行与教学相关的学习,以下是该策略的基本流程。

> **教学自我监控的反馈策略的学习过程**
>
> 阶段一:预演。教学内容和教学环节的课前排练,这包括了对具体专业学习设计的审查。(15分钟)
>
> 阶段二:实施。对教学情况进行自我观察,随着你预演阶段制定的内容和教学模式的实施,识别和捕捉课程的教学、学习、管理等方面的情况。(课程实施的60分钟内)
>
> 阶段三:分析。立刻进行教学情况的回顾,个人对观察到的教学主要情况进行初步分析和解释。(课程结束后的10~15分钟)
>
> 阶段四:评论。识别、分析、解释和理论化你在前三个阶段观察的内容。(45分钟)
>
> 阶段五:转化。重新定义你的评论结果,并为你的专业学习日程表的持续发展提出合理化建议。(15分钟)

上述过程介绍了自我监控策略(REACT)的五个阶段,这一策略的重点是基于已有知识经验和理解,支持和指导你逐渐提高自身专业学习的执行力。这主要来源于在你参与学校的计划、管理、教学和评估等基本活动过程中,对你的专业学习的分析、解释和理论化。同时也要注意遵照该策略的每一阶段的建议用时。你会明白在专业学习的各个方面所花费的时间都是有价值的,对于优化你每一阶段所关注的重点是很重要的。

(二)自我监控策略的专业学习理论背景(行动研究与自主学习)

自我监控策略五阶段从与专业学习如何概念化、组织化、焦点化相关的关键领域得到了理论支持。

第一,在对专业学习关键的概念化和调整过程中,自我监控策略吸收和借鉴了行动研究的相关原则(例如:勒温,1946;马丁·登斯库姆,2010;庞特,2010)。作为教师学习者,让你参与批判性审查和规划流程,以便在教学和学习环境中对你的处境进行深思熟虑地、创造性地理解和回应。

自我监控策略作为一系列步骤,它能帮助你确定、阐明和指导专业学习的计划。学习自我监控策略,在你为学生提供与他们学习紧密相关且有挑战性的学习内容时,能够引导你提高自身专业技能和形成一系列有效策略。这些指导计划是被置于理论和实践理解的背景框架内进行定义和描述的。这些计划中获得的焦点性反馈将在各种学习语境中被制定、引入,然后进行评估。这项教学和学习环境中的行动研究和相关行动学习是一个不断扩展的过程,是包含识别、理解、解释、推理、实施、评估和更新的螺旋上升的过程。当你努力运用五阶段策略的探索过程以获得越来越高的专业知识及理解的认知水平时,你就处于学习的行动研究背景中了。通过这个过程,不仅可以对自己不断增长的知识和专业技术,还可以对批判性学习过程进行更多的执行控制,从而确保你获得互动反馈式专业学习的意义并提高自己的参与度。①自我观察中的专业学习重点主要是加强你对学习过程中知识的概念化,理解作为一个有思想、有责任心的教师意味着什么,并在复杂的教学与学习的环境中与学生建立友好关系。

> **小贴士3.1**
> 专业学习起始于你的批判性分析和思考。其中最重要的是促进你专业意识的发展。

第二,自我监控策略特别强调了在文献中被定义为"学会怎样学习""双循环学习""合理的学习者自我导向"和"自我评价"等这些术语(阿吉里斯,1985;哈贝马斯,1987;托伯特,1991;梅齐罗,2003)。在本书中,重点是一些概念化技能的自我增强,包括学习如何去学习,如何提升班级计划、教学、管理、评估等能力以及学习这些技能的应用。在前面的章节中,这两个概念化过程被作为专业学习双螺旋模型的实质和语法要素进行探讨。(见第二章图2.1)

这种自主学习吸收了最近的研究和应用成果。学习被认为是一种综合性的体验,出现并被纳入教师学习者个体的规划和教学行为中,是行为上、知识上和理解上的改变。一个不断发展的参考性概念化框架可以使你的专业成长超越你目前的需求,让你能够制订促进专业学习的计划。计划和教学反馈是这种解读意识的结果。对这些解释性概念化框架进行持续测试、挑战和重新定义能够使你在教育环境中作为一个奉献的、好奇的和有目的性的参与者去逐渐了解、解释、理解和行动(库伯,1984;班杜拉,1986;卢克纳和纳德勒,1997;麦基罗,2000)。

---

① 互动反馈式专业学习,指的是在各种学习情景中被制定、引入专业学习的相关计划,从专业学习设计实施的实际动态中获得焦点性反馈,然后进行评估,从而对解释性框架和专业学习设计进行修改和完善。

虽然这种较高水平的自我导向学习为教师学习提供了最终目标,但在早期阶段,如果你以一种敏锐的方式发展而受到挑战,那么恰当的自我监控策略的角色预演和指导性贡献是至关重要的。其他人员如何为这一发展提供支持将在后面的章节进行探讨。

(三)自我监控策略各阶段的理论解释和自我问询辅助问题集

在本章接下来的内容中,为自我监控策略五个阶段中的每一个阶段都提供了理论解释和一系列关联问题的呈现,将你的个人调查集中到与你自己教学的相关理论和实际反馈中。第一阶段提供了全面的课堂教学细节的预演和澄清。在专业学习策略的第一阶段,为了在你的计划和教学中取得成功,需要对预演的过程(包括自我对话、教学过程可视化和心理图像)和课前准备中的内容组织进行回顾和应用。尽管在这里介绍了这些过程,但是在每一个后续阶段策略中,你会更加认识到它们对元认知探究的影响。

另外,在从课程规划文件(如教学计划)中衍生出的教学各环节的规划、教学、管理和评估等方面,本书都提供了相关问题序列[1]。这些问题涉及范围广泛,并提供了可能的自我问询途径的指导框架,但并非必须照搬的详细脚本。你会发现这些问题序列十分适用于对特定课程和你拟定的专业学习计划的自我评估。关于你自身教学的持续性评论建议可能会在那些听过你的课的同行、同事或者导师的分析和鼓励交流中得到补充。与他人参与的一些相关解释、评论会在下面的阶段一、二的结尾部分以解释性讨论箱的形式呈现。

四、自我监控策略的五阶段

(一)阶段一:预演——课前的课程排练

这一阶段是为即将实施教学的课程内容、过程进行排练和预演,捋顺要使用的教学程序,以及明确你的专业学习设计。

1. 预演阶段的基本认识。

这是课程准备和实施的预演,一次预演集中了学校工作日的一两个关键的课程,一般是对一节课进行事先演练。你应该花约15分钟的时间来完成这个预演过

---

[1] 数学上,序列是按照先后顺序排成一列的对象(或事件);在这里指按照一定的先后顺序进行的教学事件、话题、活动或教学环节等。

程,这样你就会对课程的内容和教学过程充满信心,并确保你对该课程主题领域的概念性知识的把握。随着对这个阶段过程更加熟悉,你所需的时间会越来越少。你需要确定在计划中的课程学习关键点,作为你的学生学习的重要基点和具有挑战性的学习环节。课程学习关键点的确定可能会被引入或改变你以前"认为课堂教学是学生学习基本概念阶段的学习活动"的认识。

随后在第七章的准备和计划部分将会详细讨论"如何创建指导课程内容范围和顺序的内容结构、模式或网络"。重要的是要记住,课程内容不仅是关于知识,还包括技能发展、思维过程、态度或情感的重点。对于知识内容,这些图式(认知结构)或概念结构确定了你为课程准备的概念、内容概括和具体事实之间的相互关系。你为课程内容顺序和结构的认识理解提供了一种学习模式,可以预测你的学生将从本课程中获得什么。该预演模式能使你回顾和整合所选内容学习模式以及你已获取或修改的教学策略的范围和顺序,以最好地适应所选课程内容的性质。

(1)课程关键点与特定认知内容样本的简单例子。

我们可以假定你在课程规划时已经选择了一个特定的认知内容样本(在学生掌握的相关知识基础上选取),因为它与你的学习者群体发展关系密切,并且可以再得到一系列的视觉和动作生成的资源的支持。这有许多可用的内容样本和能够选择的支撑材料。

例如在小学课堂上,如果数学课程的关键点是拓展学生对数量运算的认识和理解,那么你的概念化模式将会认识到以下几点内容。

①数字是数学中一个关键的组织概念;

②在这个概念的发展变化中有四个运算操作需要考虑(加法、减法、乘法和除法);

③本课程包含的具体事实将与学习者群体的数学知识水平和理解水平保持一致;

④这里存在着被强调的数量属性之间彼此相反的运算关系,例如加法和减法。如果学生群体在数量运算中对这些关系不熟悉,则此特定课程的认知内容样本可能仅限于与从一到十的数字有关的事实。另一方面,如果学生群体处于初中刚开始的课堂中,则数字的内容样本可能包含小数、适当的分数或混合类型的数。

这样的概念化模式是学生展开学习步骤的典型例子,当他们的理解从获得像整数、分数、小数等数的基本认识到数的运算的分析、运用时,这些学生对知识和概念的理解就更加全面,所得概念的适用范围更广。

（2）教学角度的演绎与学习角度的归纳。

从教与学的两方面看,你的课程内容的模式架构从规划和教学视角看是演绎式的,若是从学生的视角和学习途径来看则是归纳式的。前一种观点强调教师的教学计划和教学准备是演绎式的,从理解最复杂、最抽象的概念开始,即数字概念。在确定相关的次要概念和属性之后,教师会选择一些实际知识的内容样本,为学生学习提供明确学习背景内容。即教师要从需要学习的概念出发选择特定具体的事实、事例作为学生理解概念的基础。然后,学生在课程活动中使用这些内容事实,从而获得对相关概念的另一层认知理解。从某种意义上说,学生是以一种相反的方式来进行他们的学习的,即从具体的事实到概括、次要的概念,再到关键概念（数字）的概念化,是一个归纳的概括化的过程。因此,学生是在汲取比其当前自身的知识水平更加复杂的知识和对演绎式教学活动的理解过程中进行归纳式学习的。

这些概念和内容模式架构作为组织课程内容的知识结构会在后面进行详细讨论。这里,我们的着重点是预演阶段的心理成像过程,包括为了回顾过程中的运用而形成的框架的知识分类和后续详述。在预演阶段讨论这些属性至关重要,因为这些属性对于识别和解释复杂学习情境的方式具有重大影响。作为课程内容的基本单位,这些知识结构会在第七章进行更加详细的讨论。在下面的示例中,将探讨和解释在课堂中保障教学计划执行的教学行为或技能。

> **小贴士** 3.2
> 　　你的知识结构（内容和技能的模式架构）的复杂性和相互关系,为构建你的教学计划和教学专长的发展打下了基础。

2.示例:课程计划预演的要素。

（1）序列——教学技术。

让我们来看一个关于你如何进行预演活动（作为将要开始的课程的预期部分）的例子。在反思你最近给学生上过的课程时,你会注意到你在课程内容阐释和塑造时的描述是值得仔细研究的。因此,在你当前的教学计划文件中,你会确定一个部分用以解释你需要知道的内容的概念属性。对于不同学科领域来说,这是一种通用的教学程序,而不局限于关注探究某个特定学科主题的属性或想法。计划中阐释和塑造这些内容的方式会成为你专业的教学和学习策略。你可以在心理图像中排练你在解释知识概念时要遵循的步骤。你可以从你的概念化模式架构或者内容序列（包括任何你将会使用的书面或图表资源）的呈现中取材,例如交互式白板或教学挂图。

除了描述和建模的过程外,你还可以预见你计划向学生提出的潜在优化问题,并预览你可能重组这些问题序列的情况。当审视整理(你的讨论序列的重点及方向的)这些问题时,你也能够预测学生对你提出的问题的可能反应。想象一下,你自己准备好教具,并绕着教室走动以密切观察你和学生共同参与的言语交往活动。你要意识到,教学和学习过程需要联系相关学习要素,这些要素存在于课程教学进展范围和序列内。在课程的预演和实施阶段,为了使预演阶段想象的图像与你的教学表演一致,你应该持续以感觉输入(视觉、听觉等)的方式去探求你的教学观念和概念模式架构。

由于有课程中学生现有知识基础的内容参照作保证,这次预演会让你准备好在实际的实施过程中找出自己和学生的反应,这些反应与教学提问和反应发生的序列相关。你可以将一个曾经的教学和学习的简要过程投入到预演环节的序列中。心理成像和预演的过程替代了现实教学的提问、组织和管理活动,在这个时候为你提供一个专业学习设计。多次预演这些教学过程后,在面对现实教学和学习过程中发生可预期和不可预期的情况时,你会做出更加积极和有效率的回应。

除了提供一个内容上的重点和计划课程的教学部分,上面的例子还论证了如何在后面的批判审查阶段花时间去理智地考虑你自己的专业学习。在你专业发展的这个阶段,通过你自身教学的分析和解释,你要确认一些能够使你拓展教师专业能力的有意义的目标。你会花费一点时间去审视和考虑自己如何参与课堂并从课堂教学序列中获得的反馈中学习。这样,作为一个教师学习者,你就通过元认知过程建立了自我评估的基础。在教学过程中,你参与学生学习的评估和你自己学习的评估是非常重要的。这种准备、实施、评估和进一步准备,形成了一个周期性的自我调节过程。你应该(当然也需要)对你目前所知道的情况有一些不确定性,以通过这些过程不断发展你的专业知识技能。你不应该过分担心不可预期的情况发生;相反,要将其视为解决你所遇到的任何教学挑战的重要机会。对你的专业程度的不确定性可以最终解决你所面临的能够促进专业发展的挑战(兰格和巴勒斯兰格,1994)。

> **小贴士3.3**
> 你的学生和你自己的学习需要在教学过程中进行评估。

以下是对预演阶段的理论和实践方面的批判。重点在于如何确定预演过程中关注的认知图像。这是通过了解如何分类知识来支持的。正是这些知识类别创造了感知性的、具有代表性的框架,你可以用它来聚焦和指导你对学习环境的发展性认知意识。我们稍后将会在本章回到关于知识组织的讨论。建立你的个人感知和概念化框架的原则是这个讨论的概要。

(2)课程教学的想象——通过心理图像和自我对话进行预演。

这里的预演概念是指对信息和经验进行回忆和预测的认知技巧。关于对教师及学生的学习进行审视的这些特性被称为精细预演(卡罗尔和班杜拉,1985;达德利,2013)——也就是说,一个预演过程涵盖了许多带有被识别、扩展和联系的概念化参照框架(系)。在自我监控策略中,这涉及新材料的组合,包括课程内容和教学方法,这些内容存在于针对特定学习群组(学生)的预习、准备和计划的课程序列中。

使你理解课程组件及其相互联系的精细策略,对于存储和检索信息都是有用的。它们还使你能够更直接地关注可用于课堂调查的促进因素或线索的感知、概念化和分类。这是概念化图式的一个重要应用,可以帮助你逐步提升对教学与学习的复杂性的理解。

随着精细化过程的进一步加强,你也可能使用概念化图式的投影图像,在该图式中,你能够看到你和学生在课程序列的各个阶段的相互作用情况。正如前面所提到的,你将逐步形成一些感知和认知框架,在不同程度的完整度和复杂度上,把你的个人观察作为对教学序列的回应。

你可以发展你的认知图像以形成心理表征,包括关于你的意图和课堂上可能发生的预期行为和预期反应等。在这个过程中,你用教学片段中可能观察到的可视化呈现代替了书面准备中所用的内容语言、教学组织和反应。这将指导你预演的效果,指导审查拟议课程的重要内容和教学特点,以及指导这些方面如何通过你和学生的明显行为变化展现出来。使用图像还可以帮助你缓解压力和焦虑,提高自信心,帮助你构思一节成功的课程,并进一步提高你将计划转化为实践的能力。图像(想象)允许你回答假设会怎么样,或者通过形成明确的、可理解的、可能的关于各种课堂情境或执行特定行为的后果的预期问题,比如假设询问一个学生预期需求的问题(惠特利等,1987;德什勒和伦兹,1989)。

随着你预演学习序列和你在这个过程中的参与,它会帮助你达到一种内化吸收的状态,或者重点关注到你认为可能显著的促进因素,这种刺激因素来自预期的情境或者行动。研究调查显示,意识对生动图像的反应与真实的体验几乎相同。当一件事被视觉化想象时,视觉皮层是活跃的,就好像进行一个会话或者口头交流时,听觉皮层也会参与(马科斯,1999;托马斯,1999;巴尔斯和富兰克林,2003)。

(3)聚焦预演阶段的图像(想象)。

你的图像想象会集中于各种知识结构(图式),这些知识结构随着你提高关于如何与学生、课程和学习环境相联系的理解能力而不断发展。这些内容领域、教学和学习知识为你的图像提供了感知上和认知上的框架。另外,知识能够通过各种方式进行分类。例如,它能够被指定为特定领域知识(特定主体领域的内容和过程)和一般知识。认知理论专家(舒尔曼,1987;韦伯,2001;格鲁伯,2013)已经确定了与新教师相关的各种类型的知识,可以在自我监控策略中应用。

列举如下:

①在任何知识领域已知的陈述性知识,包括概念(学说)、事实和原则;

②程序性知识,如何进行各种认知的过程和行为;

③策略性知识或元认知,是个体对自身思维过程的认识,并因此可以帮助完成自我监控、自我调节的认知和实践下的专业学习任务。

你应该还记得在前面的章节中,集合式的陈述性和程序性知识被包含在专业学习的实质性知识的表达中;而策略性知识或元认知被确定为"句法定位",就好像一个英语语法有一定规则,在这里提供了一个在学习环境中获得对思维和洞察力的过程。在这里,策略性知识的作用有几个方面。

首先,是一个计划的保证,是有目的地参与智力活动的保障;

其次,活动的过程通过思维策略调节和组织;

最后,对这种思维在回应活动目标上的适宜性进行评价。

在我们的专业学习活动中,元认知是一种智力性策略,包括发展性计划、自我监控、自我审查和想象、质疑、总结、预测、假设、生成性潜在反馈及评估概念学习。

为了支持元认知作为学习、解决问题和决策的关键因素,布朗1978年提出了有能力监控并驾驭自己的理解力是所有解决问题的能力的必要先决条件,同时元认知包括了一个预先规划的概念,即对这种认知学习进行预先规划并在后续过程中进行巩固。

班杜拉的社会认知理论赞同在课堂环境中进行观察或交互式学习的观点,这种学习被认为"在很大程度上是一个信息处理活动,即有关行为结构和环境事件的信息转化为有行为指导服务性质的象征性表征"(班杜拉,1986)。随后,班杜拉在社会认知理论中重申了这种关系,它证实了观察式学习的结果是"知识结构展现了有效行动的规则和策略",即有效地"充当复杂行为模式的认知指南"(班杜拉,1997)。

看起来,这些认知指南(或图式)代表了知识结构作为预演图像(想象)的重要作用。这些是课堂观察式学习和教师学习者专业学习成果之间的中介机制。社会认知理论特别阐述了将不同复杂性程度的知识结构形成方式作为调节观察学习的中心机制(班杜拉,1986,1997)。这个要点与本书详细的自我监控策略的确认和参与是一致的。

有关知识结构(图式)的重要性在涉及专业知识、学习和技能获取等相关文献中都有强调(格拉泽,1990;艾肯鲍姆,1997;梅和康维勒,2000)。发展论是指知识从一种明确的陈述式形式发展而来,这种形式是由于意识到概念或技能的结构和应用而产生的。最后,它转向了具备增强理解和表现特征的陈述性表述合集。通过这种方式,知识获取的早期阶段具有稳定和需要努力的信息加工特点,而后期阶段的参与有着相对平缓、自动化和似乎毫不费力的表征特点。在整个知识结构化过程中,通过感官输入,视觉和听觉获得的特定知识元素可以通过解释和推理变得越来越紧密,并组织成试验性的知识结构。这些都可以被描述为试探性的,因为随后引入的其他类似的信息可能会挑战现有的结构。认知指南或图式提供了在预演阶段启动的心理图像的内容,并进一步阐明、适应或应用于自我监控策略的后期阶段(罗伯特·格拉泽,1990;阿特斯和迪克斯特休伊斯,2001)。

在上述理论背景下,你可能会发现以下原则有助于教学视觉表现形式。请记住,正是这些表现形式为你提供了观察的焦点。在早期的课前预演中,你可能会发现图像想象过程与你的预期相匹配,感知到课程顺序会按预期顺利进行,或者可能会给学生带来困难。虽然这些专业问题对你而言非常重要,但更重要的是要考虑你的学生的主题内容结构和活动,而且你的图像想象过程可能只是内容的排序,而不是活动的参与,所以不易被学生吸收。因此,在决定修改其中某个属性之前要注意这两个方面。

当回顾你在教学和学习环境中所做的解释和见解时,明确表达、描述它们并使它们可以作为学习活动的目标是很重要的。当确定任何技能或者学习行为是你的专业学习设计时,这一点尤其明显。起初,在设计的准备阶段,你可能会考虑这些观察焦点,但在实施之前,它们将更适用于课程的即时预演。在阶段一提供的预演问题之外,还要考虑更多因素。

当你咨询一些关于教学准备的重要元素和与你的观察和解释并列的图像序列的问题时,下文的框架能帮助你去组织在教学和学习过程中对自身角色的发展性理解。该框架为你的课前预演和在你对教学计划提出质疑时得出的看法与解释之间架起了桥梁。使用该框架将提高你的观察焦点集中水平,并使你接受有一种如此输入的组织和认知方式。所以,把这个框架看作是你对问题序列的回答,并作为你的专业学习和元认知调查的发展背景中的一个过程。

(4)一个组织和概念化框架。

记住你的专业学习设计,预测如何采纳它的基本原则而使你获得成功。你会做什么以及学生如何互动或反应?看看你自己是否成功地参与并响应了这种互动和这一设计的排序。

当你与学生互动、参与教学与学习过程时,你可以运用多种途径,包含视觉、听觉、感知和情感。然后,相信自己能对所有行为和条件做出反应,并想象对你可能预见的具有挑战性的问题做出创造性回应。

在预演阶段将心理图像(想象)集中于学生的预期变化和他们的学习环境上,内容可能包括与学生的语言互动,教育教学资源和教具的采用,其他教学人员参与的方式,围绕课堂的活动方式,以及关于学生可能出现的语言和行动上的预期反应。

当你确定导入课程实施过程中的教学内容时,你也要对自己的隐性认知行为(即元认知的心理内过程)有所了解。你能否有效地预测、整合和评估你干预的过程和结果?你将如何概念化一个回答,并对你以相应方式指导学习过程的活动和交互式交流的智力及教学能力有信心?你可能会发现你正在做关于在以后的学习环节中可能会遇到的反应的心理笔记(也可能是写关于你的计划文件的笔记)。这些将成为你的心理图像和认知图式的元素。预测学生对教学产生的反应将是你的调查和评估过程的一个重要组成部分。请注意,一些学生的反应可能与概念探索的当前阶段不直接相关,但在概念理解发展的后期阶段可能会有用。这种"当前不相关"可能在未来的规划和实施流程中做出贡献。

在你的心理图像预演的过程中,找出可能影响你对学生参与课程序列的理解(感知)程度的干扰者。随着它们给你的专业知识技能和分层经验发展提出积极挑战,你需要理解这些课程过程中的干扰因素,这些挑战可能会要求对预期的课程序列进行行动上的批判和重构,或者拓宽学习环境以使课程的关键概念和技能被嵌入其中。在战胜这些挑战的过程中,注意你将会如何回应和修改你对教学和学习过程的控制。

如同与你的学生在想象中成功实践了一般,你要重视和享受预演的过程。作为学习者,互补的认知活动表现为你在发展教师意识和专业能力的元认知过程。通过这种方式,你正在反思自己感知到的和观察到的准备能力、洞察力和回应能力并形成积极的态度。

如果你能通过课程序列的演变进行演示,去记录你心理图像预演的结果,这或许会有帮助作用。当我们讨论自我监控策略的第二阶段时,将会探讨这一点。

在下文中,让我们假设一下你在预演的自我评估时可能会遇到的问题。你可以从你认为与你直接相关的分组中选择有疑问的问题。你同样可能会发现其他相关的可探究的问题。问题组不是一个涵盖了问题的列表,而只是一个可以适应你个人学习的探究框架。

（5）课程的"自我问询—指导"问题序列（问题组）。

①关注要教授的课程的内容、过程时。

在本课结束时,我希望学生达到什么目标? 学生获得什么样的知识、技能或情感态度? 我如何认识这种学习正在进行中? 我预期获得什么线索来帮助我决定何时推动课程环节的进行? 学生的什么反应会为我指示这一点? 我对准备好的教学资源的相关性有信心吗?

这个学习的顺序是什么? 我是否需要确定学生学习这些知识的中间步骤? 我是否已经通过该主题的教学和学习实例进行了工作,以确保它们适合于学习过程和结果? 我认为本课的优势是什么? 有哪些方面可能需要更专注的思考?

在之前的课程中,为学生提供了关于这个主题的什么内容? 我预期在以后的课程中会涉及关于这个主题的什么内容? 我如何评估学生在课上所取得的学习成果?

我对本课有什么担忧吗? 我认为这些学生的挑战是什么? 在课程的内容和过程的哪些部分可能会有学生遇到困难? 我从这一次活动的学生互动中认识到什么? 我该如何应对这些潜在的困难? 我准备好了哪些相关活动来应对这些可能性?

我提供了哪些资源来支持所有学生的学习? 我怎么提供学生的学习水平范围内的支持? 我以什么方式区分内容顺序和活动的性质以回应这些已识别的差异?

为什么我需要用适合本课活动片段的特定方式将学生进行分组或者配对? 我如何确保所有学生都能够按照我的意愿参与到活动中? 我将如何确保所有学生参与者达到预期的学习进度?

我决定与 X 组合作。我为什么设计以这种方式参与? 为什么选择这个特定的组? 我将如何监控其他团队的任务参与?

我如何准备让其他成年人参与学习的过程?

我考虑了哪些安全问题? 例如,对学生的监督,以及如果……会发生什么?

②关注你的专业学习设计时。

在本课程活动中,集中预演我的专业学习目标的性质。

- 为什么我决定在本课中采用这一设计?
- 我将如何识别我的学生对此设计的回应?
- 我在寻找什么作为对学生的回应?
- 什么线索将为我提供积极的前馈反应?
- 我需要在课堂中特别注意些什么?
- 在过去的经历中,我如何回应这一设计? 我今天的引用有什么不同?

> **同事、导师、同行在自我监控策略中的作用**
>
> 　　如果你有机会让同事、导师、同行参与到这个专业的监控策略中,他们就会成为你的另一双眼睛。可以要求他们提出关于教师如何参与教学和学习过程的见解。记住,你始终主导着这个过程。其他专业人员会对你的指向进行回应。考虑一下,他们会问你以下问题。
>
> ●在课程过程中,你要我特别注意什么?你需要我用特定的方式记录观察到的东西吗?
>
> ●你已经在你的课程计划中列出了教师目标,这些目标会融入你今天课程的全部环节中。为什么你决定在课程中专注于这个专业学习设计?这个设计在哪些方面与你在这个策略及知识基础上发展的专业知识技能有关?
>
> ●你是否需要我提出一些与课程的内容范围、顺序,以及各种教学资源、管理技能、学生的活动参与等相关的问题?

3. 阶段一总结。

　　让我们回顾一下在阶段一中你的专业学习目标。它以有组织的方式回应通过内含在预演中的图像而形成的想法。提问序列将帮助你巩固和加强你正在建立的参考框架。它们不仅能提供与你的计划相关联的课程内容和教学法,还能与你自己的思维过程的概念化相关联。你如何用它们去解释、探索、分析和产生概念与实践,并反映到你的自我意识中,将为你的专业关注提供持续的焦点。

　　预演阶段因此奠定了有意识的认知基础,为帮助你发展专业能力提供了重要且相关的参考点。开发这种知识的模式和过程的全面性、一致性对于这种学习过程至关重要。感知到可观察到的知识、理解、技能、态度和行为模式的相关性和关联性,将进一步鼓励你根据需要成功地讨论和修改学习情况。

　　你了解这些专业学习的元素(知识、理解、技能、态度和行为模式)间相互关联的不断发展的能力是一个动态过程。获得这一过程是无止境的,是你的知识和经验增长的特异体质。能力水平可以通过参考你为自身学习带来的更有见地和更复杂的理解来认识。胜任任何阶段工作的关键在于你的知识组织的复杂特性。通过将记忆组织成"知识集群",经验丰富的专业人员拥有广泛的知识库,这些知识库看起来像图式(皮亚杰,1926年)一样被组织成广泛而整合的结构。新教师拥有的知识和理解较少且可能尚未得到条理清晰地组织,因此专业学习要求你将注意力集中在识别和整合知识框架的策略上。

4. 重要概念的理论补充:图式理论。

　　让我们花点时间回顾和巩固我们先前对知识组织和图式理论的讨论。了解基于图式理论下知识的组织(布鲁纳,1966;维果茨基,1978;舒尔曼,1987),它提出无意识的心理结构是所有人类概念理解的基础。组织和引用到新的知识结构中的通用抽象知识,能够促使你从教学和学习环境中获得的信息的意义建构。你在处理这些新知识时所使用的方式,可以通过达到认识和理解平衡的调解和同化过程来构成。

拥有广泛而容易集中的知识结构,似乎对被感知和概念化的复杂学习环境产生了重大影响。教室即是一个复杂的背景。

简单地说,图式(知识结构):

·影响对感官输入的注意力的重点、质量和数量,这些感官输入在复杂的社会互动中是有价值的。

·作为知识和理解的记忆组织框架,用于澄清、修改或接受新获得的知识。现有的知识结构或模式与新信息相互作用,形成可能是旧结构和修订结构组合的概念表示。这些知识本质上是经验性的,可用于调出应用并适当地修改。从存储器(记忆)结构和正在处理信息的多感官环境中促进信息的维护和应用。

·在确保新知识输入的复杂度、适应性和适用性方面进行发展的前提下,确保这些认知结构得到持续的审查。

看起来,除了具有更好的组织结构、概念化图式之外,高水平教师学习者需要能够使用和应用他们的知识来创造所面临的社会情境或问题的认知表征。这种因果关系模型也支持这些高级学习者在预测和解决问题、做出决策、解释和证明他们与他人的互动以及社会状况时使用图式。

高水平专业知识技能的获得,在很大程度上取决于一定的程序选择,以帮助自己理智地感知、参与学习问题和其他形式的挑战。那些具有更强的专业知识和获得一系列相关经验的人员已经有很多机会来测试他们解决问题的技能,并开发更实用和适用的知识库。这种有清晰定义的知识库使这些教师学习者能够专注于任何问题及其影响的环境中,专注于更小、更易于管理的部分。他们能够关注组成部分以及整体,并且能够处理和使用与相关知识结构更直接的信息。因此,他们能更容易地解决已经对他们专业学习需求及其背景带来挑战的学习问题。作为一名新教师,与经验丰富的教师相比,你的经验有限,也没有坚实的知识基础。因此,你可能很难区分相关和不相关的信息。因此,你将面临解决各种问题及其前后关系的挑战。你可能会觉得,在一个专注的研究领域中,许多具有挑战性或其他方面的条件对你来说都是独一无二的。解决问题的时间和精力可能会被无关的信息分散,这可能会降低你做出恰当决定的能力。对于新教师这种刚入行的批判审查人来说,从低相关的信息中进行相关性分类不是能够马上适应的。要做到这一点,你需要有针对性的策略来帮助你关注这些分类技能,这就包括有效使用自我监控策略。这将为你提供这样一个过程,即有目的地运用你的知识和技能来寻找和选择适当的信息,准确解释和分类这些信息,并通过准备和规划来管理和指导你的行动。

(二)阶段二:实施——伴随着教学片段的自我观察

在你的教学过程中,你应该努力增加你与学生、学习环境的交流接触机会。在此过程中,你将审查预演阶段的内容和教学模式,以及你如何使用预演来了解你在学习过程中的角色。你不仅会意识到你对学生学习的认知需求,而且随着你在自己的智力理解上有所发展,当你学习如何教学时,你也会涉及更高阶的元认知过程。你将作为一个有洞察力的教师形成你的意识。

1. 关注个人观察。

你要发展一个重要且复杂的自我监控技能,即是你在课堂上快速阅读和解释一种情况的能力。你希望能够做出一些事情发生原因的解析(或行动上的理论支持),以确定应对的方式。这需要提高意识水平的能力,以便你可以关注在课堂上发生的几乎看不到或隐藏的互动。你对学生学习和互动行为细节的关注,很大程度上取决于你的倾听技巧,即对所听信息的重点把握和过滤程度。关于细心聆听的更多讨论将在稍后进行,其他示例以及发展倾听技巧的策略可以在第七章中找到。

你会发现许多你可以与你的学生一起开发的聆听策略,也会对你自己的教学技巧有所帮助。高阶认知技能的关键周期性的发展,包括分析、预测、理论化、推测、评估和综合,这需要基于有效集中注意力的意识和能力,以对如听觉和视觉等感官输入做出反应。

倾听不只是听到语音交流的声音,要同时注意在口头评论中存在的固有含义。因此,请认真倾听并将你的内容和教学模式当作过滤器进行筛选。重要的是,它们不是过分规定性的,并且不会阻碍教学环境中其他方面产生的意义。使用你的图式,但要确保你使用它们的方式可以让你仍然感受到意料之外但可能相关的信息。

在复杂的教学和学习环境中,对学生进行有效和有见地的观察是一项非常宝贵的技能。它能让你在解释、讨论和提问过程中注意到微妙的线索和行为,这可能会促使你重新概念化你的教学方法,并做出相应的回应。经过一段时间,在你的教学过程中,随着感知意识和概念意识的提升,这种做法会变得更加容易。你可以识别和应用你暂时建立的知觉和认知图式,它们提供了辅助你对教师角色以及教学与学习过程的理解的方法。

> **小贴士 3.4**
>
> 在复杂的教学和学习情况下,对学生进行有效的和有见地的观察是一种可以发展的可贵技能。

2.关于课堂事件观察的思考和应对。

当沉浸在教学过程中时,似乎没有时间注意到繁忙课堂中发生的事情。但你仍然需要问:"为什么会发生这种情况?是什么导致了这种行为或情况的发生?"

你的教学习惯是"继续上课"和"立即完成任务"吗?这是由于紧张还是对你正在实施的内容或教学方法的不完全确定?如果是的话,那么你已经意识到需要优先考虑你的问题参与,并培养你减慢课程讲解速度的习惯,发展你的倾听和观察能力,并将你的注意力集中在学生如何参与你的课程上。最初的行动可能是停下来并更多关注在你面前发生的事情,想继续上课并按计划行事的感觉,会成为影响你在当前环境中意识的干扰物。要意识到,意料外的事件可能发生,你需要做出适当的反应。这种注意意识的发展需要你逐渐将这种教学习惯纳入每天与学生的交往中,并且可以记录为参考笔记纳入课程计划中。使用这样的注意力指导策略将使你在参与过程中更具包容性。

慢慢鼓励自己有意识地建立教学和学习过程中要素的感知图式,注意你的计划、教学环境中相关的小细节。通过这种方式,你可以使用理论和实践作为过滤器,从而为你课堂内的有效专业判断提供有意义的见解。这样做,你将开始注意到更多具有教学意义的实例以及其他似乎不适合你的教学计划的实例。将这些看似不相关的事件放在一边,以便在随后的计划会诊中进行更详细的考虑。你可以在晚些时候批判性地审查这些事件,因为这些事件对于你不断发展的专业知识具有相关性和适用性。然而,你怎样才能把这种习惯延伸到你的计划和教学环境中去呢?作为教师日常工作的一部分,你制定了教学计划和程序,让学生了解课程的内容和过程。你是否有策略地使用这些方法来不断发展专业意识?

在探索自我监控策略的第一阶段(预演),你已经开始探索你的学生和你自己的学习过程,它们在某些方面可能相似。你的专业学习模式和教学参考框架不是一成不变的,一经开启就可以进一步改良和完善。在你的课程教学之前,你将通过在你的文档中引入书面笔记的方式,来支持这种战略意识。在课程中及结束不久时,持续这种注意和记录。正如你在预演阶段所做的那样,你将继续从你的各种图式中找出想法和问题,将注意力集中在课程序列的指导方面。你已经提高了对学生可能难以理解或应用所学知识的关注程度。你的笔记将帮助你关注更相关的并忽略那些你认为不那么突出的特征。它有助于编写描述,提供理论和实践上的澄清,并用图片和图表来表达你在概念层面所了解的内容。当你在自我监控策略的后期阶段检查你的自我观察时,这个笔记也会提供参考点,并将它们与你的预演思维和感知意识进行比较。

在课堂上,当你有几分钟没有直接参与学生的学习活动时,你可以环视课堂并记下你看到的情况。批判性地思考本课程刚刚发生的事情,回顾一些观察到的情况,并对你所看到或记忆的内容做简短的笔记。上课期间在教室中走动时,随身携带笔和便笺本。当你经过你的讲台桌时,要做编码笔记,并把它贴在你的计划文件上。如果你能够在你的专业学习设计实施后立即进行笔记的管理,那么在本课程的其他场合,你会发现你已经获得了足够的信息来触发这个策略后期阶段的批判性分析。在这个阶段记录下来的只有几个要点,完成课程后不久,誊写并扩充笔记上的记录。

当你建立一个简洁的描述性观察的思维模式时,你会发现你更加关注你以前可能认为不重要的细节。最初,你的笔记只需要很简单的记录,也许只有一两句话,以帮助在后期阶段被应用于基本的批判性分析、解释和疑问的过程。你在课堂以外的社交场合中的观察也会有所帮助,例如:尽可能不引人注目,看着一个在电脑上工作的同事;在咖啡厅,享用一杯咖啡时观察他人;或者记下某人在火车旅程中,用手机通话的反应。你还可以考虑某人在购物窗口的动态,家长对儿童在游乐场活动的监督,学校工作人员间的互动等。在可能的情况下,将你对此类交互的想法进行书面记录,之后努力对你的观察做出预测性的判断。在这里,重要的是关注和参加的过程,而不是你的预测是否正确。通过这种性质的活动,你提高了你的意识水平,你会惊讶于直接接触的环境中为何充满了有趣的事件。当你鼓励学生更多地关注他人的时候,你也可以为他们制订类似的注意力集中活动。更多的此类活动将在第七章进行介绍。

你也可以考虑另一个正在训练的领域——冥想,可能会教你审视自己,以及当你在从事一项活动或观察别人的参与时,你的头脑在想些什么。冥想并不意味着要成为僧侣,而是要花时间重新集中精神。考虑分配一段安静的时间来评估你在白天完成的工作。考虑一下你所经历的积极的想法和互动,这给了你一个对你正在做的事情的良好感觉。在自我监控策略的第三和第四阶段,你的专业学习关注于积极的结果。而消极的诱因,往往会很容易在没有太多鼓励的情况下出现在脑海中。

你会发现,当你继续关注课堂上正在发生的事情时,你开始将这些观察和相关的批判意识概念化到思想或理论中,从而为你的思考提供内容和指导。这包括理论集中的生成,以及随之而来的创造性实践反应。通过这种方式,你提高了隔离潜在学习负面诱因的能力,同时也提高了你的批判性思维能力。在教会你自己批判性地思考的过程中,此阶段和其他阶段的一系列自我问询问题,将支持智能化处理由你重点观察引出的问题。随着你吸收和适应新的学习和新的回应方式,你监察自己,并批判性地分析一切似乎对你的计划和教学产生影响的事物。

在本书中,鼓励你提出以下问题:
- 我发现了什么问题、担忧或挑战?
- 我将如何发展对此的理解?
- 为什么这很重要?
- 为什么我想要理解并应用它?
- 我可以通过哪些方式使用或适应这一学习计划?
- 这与我已经知道的内容、技能或策略有什么联系?
- 以后我将如何使用这些信息或过程?

在这个自我问询探索问题集合中,你正在建立课程和教育学方面的知识网络,发展认知和元认知过程,在"你如何知道""你如何发现这些元素及其联系""它对我持续促进专业学习的潜力"之间建立联系。它并不是你已获得的孤立的知识,而是你的智力能力,发现、运用联结和关系把这些知识元素整合到一个有用的理论或教学方法中。

虽然收集有关教与学的知识和流程,与你在课堂上的参与直接相关,但你的看法和批判性思维的提升更加重要,使确定的联结可以在必要时保持,经受考验和修改。当你建立一个教与学的知识和流程的"思维导图"时,你将开始把你的世界作为可能有效联结的整个网络来欣赏。思维导图技术与你的认知和技能的图式有关,当你做笔记的时候,它们也很有用,因为它们会使你的批判性思维从简单的记录事实信息开始。因此,当你为口头和象征性的观点带来了一个附加的形象的定义时,你能够获得更高水平的批判性意识。

你还必须考虑到个人知识库的广度,以便你能够不局限于一个专门化的领域,并对来自另一个内容或领域的想法保持开放。对来自另一个领域的技能或概念的适应会逐渐提高你的演绎能力和批判性思维。

> **小贴士 3.5**
> 你在计划和教学中使用的教学技巧和策略的一个重要的工具特性是这些技巧和策略可以在许多内容领域中进行传输和转换应用。

在寻求能够帮助你持续发展的事件和相关举措方面,要保持积极和好奇。要有一个基于焦点问题的逻辑思考的计划,寻找具有适用性和适应性的教学意识的批判性思维路线图。请记住,在参与准备教学的规划和预演阶段,你已经创建了这些图式和探究的框架。你开始了解基本内容和教学知识的呈现范围,因此有意识地计划在教学和学习过程的各个方面使用这些有一定高度的知识理解和应用。

在你的专业学习和工作的课程规划、实施和评估方面,要积极主动。要听取其他有经验的专业人士的建议,但不要等待被告知,而是积极应用自己的专业学习方法。被告知的建议并不意味着可以直接转化到你的教学环境中,它需要把你独特的知识和理解结合这些建议进行修改。在实施之前,任何新想法或策略都必须是经修改后适合自己的。上述信息获取技能需要成为你对专业学习设计的无意识反应,它们是你的职业工具。这些技能将帮助你对学习环境中发生的事情有更深、更适当的理解,与那些只在教室里待过一段时间的人的理解进行区分。在解释为什么你所做的事情是独特和重要的时候,要明确地表达这些知识和理解。

3. 阶段二总结。

你的教学和学生学习的自我监控过程,是对发生在你所看到的和用心聆听的基础上的感知过程。知觉就是以这些方式去观察你所观察到的东西,并意识到意义可以被赋予,然后在你的暂定图式中组织起来,以便在以后进一步阐明意义。观察不仅仅是指出你感知的东西的细节,还要将其概念化以回答遇到的一些问题,还包括你与环境接触时刻意关注的无数细节,针对它们运用逻辑和想象力来提供意义和设想可能的结果。

因此,请注意,在进入自我监控策略的第二阶段时,你最初寻找的内容可能与你在预演阶段强调的内容或教学计划有关。使用你的图式过滤器去理解你所感知到的东西。注意,确定对概念理解的各种干扰性影响,不要忘记囊括挑战你的专业知识和让你有些不确定的事件。这些将需要在自我监控策略的后期阶段进行严格审查。获得学习的"失衡状态",将对你专注于持续专业学习最有帮助。通过有针对性的观察,你将会提高作为教师学习者对自己的智力理解,从而获得更复杂、更适用的专业教学和学习反应。

导师、同事或同伴在课程观察中的作用

当导师、同事或同伴观察教师学习者的课程时,他们应该专注于教师学习者确定的专业学习设计。他们还将观察其他事件或课程范围和序列内的特征以及学习、学生的管理。这些方面将在第一阶段做出决定,他人观察意见可能会包括在第四阶段结束时的自我对话中。

(三)阶段三:计划和教学的个人分析和诠释

这个阶段要确保目的性和有效性,你需要在课程结束后立即找一个短的时间——一个安静的10~15分钟就足够了。所有的书面笔记在课后都可以快速地回顾,任何关于你和学生对你课程计划实施的进一步看法都可以补充。评论需要简短——只记录要点。任何可能增加或破坏学习活动序列的事件都可以包括在内。如果发生课程在预定的课间休息前结束,或者你因故没有立即参与到这一组学生的互动中的情况,笔记评论可能会有所帮助。这种即时的课后活动是针对你个人的,所以在这个短暂的阶段,不会有导师、同事或同伴参与。

(四)阶段四:评论——通过识别、分析、解释和理论化阶段二和阶段三的观测内容

1.评论阶段的基本工作。

你可能需要长达一个小时的时间才能进行此批判性评估流程,以扩充阶段二和阶段三中你所做简要记录的描述性细节。然后,你应该对记录数据进行评论,以便在你的计划和后续教学中能够理解教学和学习事件的情况。通过遵循自我监控策略的早期阶段,你将在计划中详细表述自己的意图,并将已经预演了的计划内容和教学的方式在具有挑战性的教室环境中实施。为了支持这个自我问询过程,我们提供了一系列的问题来帮助你开发一个概念化框架,以挑战你的认知,理解它们对你的计划和教学的影响,并将它们转换为概念化的图式,以提升你的专业学习。

在开发更有针对性的领域之前,定期对你的教学进行批判性评论,并将其视为课程的积极功能。一旦你审查了这个有效的功能,你就可以在合适的地方对你不太喜欢的其他问题进行更集中的学习探究,并准备对它们做出更积极的专业学习回应。始终从积极的角度出发,对自己的成功感到高兴,然后预估如何让这些专业的回应对你更有效。你相对优势的发展以及你如何回应这些问题将为你的专业发展提供蓝图。如果你能让这些作为教师的成功操作方法去增加你的价值,即使你仍然有点技能和技术上的欠缺,也将不会那么令人畏惧。

以下是你对事件、问题、内容和教育学观点的分析、解释、建议的回答,以及确定的专业学习设计的相关问题。如前所述,选择那些最适合你的自我个人问询流程,不要把问题当作一个必须完全照搬照用的过程,而要有选择地让问题为你工作。

2.深入了解并提高你的专业属性的价值和应用。

在课堂中,课堂的内容、流程和管理的哪些方面对学生和你来说都很合适?列出这些成功经验中的三个,并分别考虑。

(1)对于我和学生,为什么以这种方式进行最合适?

(2)在以后的课程中,我如何进一步提高自己对达成学习目标的贡献?

(3)这种特殊的策略、技能或行为是否可以在其他时间用于其他主题内容?

(4)我如何改编并将这个成功实现的目标和结构应用到其他技能的开发中?

本次课程进行的哪些方面没有与你的预期一致?选择三个这样的经验将使你的评价更加易于管理和集中,从某种程度上而不是从表面上考虑一些问题,这样似乎更合适一些。

我认为可能影响事件的背景条件是什么?我认为造就这一结果的前提性影响是什么?

在接下来的计划和教学中,我如何回应类似的事件?我是否需要关注技能或行为的结构或组织,以使其更符合我的教学目标?我认为现在是否有更相关的技能或行为更好地满足学习目标的要求?

我的哪位学生对给定的学习概念和过程感到困惑?

为什么我认为以这种方式进行最合适?是否需要针对这些问题进行更有针对性的预演,包括相关的管理策略?在课程的哪个阶段,正如预期的那样,学习正在发生或没有发生?

我认为什么先行条件和语境条件可能影响这种情况的发生?我如何修改学习环境,使这些影响在以后的场合变得可能不相关或不重要?在计划和教学的规划及预演阶段,是否适合关注这些有影响力的条件?

现在我该如何回应那些在处理课程内容或学习策略上有困难的学生呢?我是否需要考虑在内容组织和学生学习的方式上进行更明确的区分?在未来的规划和教学中,我将如何应对这种明显的困难?

课上发生了什么意外的课堂事件?请务必在你的批判性分析中包含此问题。这样的事件,当被识别和解释的时候,会为你的专业学习提供重要的触发因素。这些事件可能来自你的计划和课程预演的范围之外。因此,为什么它们会发生,其原因对教师学习者的成长很重要。

为什么我确信这发生了?我是如何回应的?如何做有效?我立即做出回应的结果是什么?我现在是否有其他关于我如何回应的进一步想法?为什么我在课前的考虑中没有预料到这个事件?哪些方面的专业基础知识需要我关注?什么导致我专注于教学行为的一个特定方面?

如果其他课程中发生类似事件，我该如何回应？

如果导师、同事或同行作为知情的相关人员参与了这个重要的评价过程，但是也仍然主要由你控制并识别在教学中发现的重要方面。你应该提出一些方法，在接下来的课程中，你根据自己的分析和解释来对他们的专业学习设计做出回应。知情的人在你的理论中扮演着重要的朋友和澄清者的角色。他们的角色应该是考虑你指定的用于指导自我问询流程的问题，以及对你提出的受到挑战的方面给予创造性回应。一旦这些问题被解决了，就可以让那些了解情况的人提出一些问题。这些问题可以帮助你确定自己的教学技能和行为，并鼓励你在自我监控策略的第五阶段和专业学习日程表中进行分析。以下三章将详细讨论专业学习日程表。在学生、教师主导的评论过程中，以及在包括有针对性的导师指导在内的专业学习过程中，前面提到的问题对于导师和教师学习者的伙伴关系都是有用的。

(五)阶段五：转化——为你的专业学习日程表制定和论证计划

自我监控策略的这一阶段为定期观察、分析课程规划和实施，以及更正式、更结构化的批判性评价、分析提供了概念化桥梁，也为生成专业学习日程表中正在进行的个人专业学习项目之间提供了概念化桥梁。在这一衔接过程中，专业学习变得更贴近理论知识和实践基础，因为它假设了一个集中连续性的状态。以教学模式和策略的形式修改或引入新的教学行为，为了巩固你发展专业知识技能的执行力的知识点，往往需要花费大量的时间和练习不同的内容领域。将一些观察和相关分析转化为更加永久的专业学习日程表解决方案，将使你能够继续将这些观察纳入正在进行的规划和教学工作中，并长期监控你的进展。

完成自我监控策略的第三阶段和第四阶段的自我观察和分析后，你会发现许多专业学习设计（可能有若干个），是发展专业技能的重要属性，并且需要持续地批判性评价和分析。你将仔细考虑你对该策略的早期阶段进行的事件、问题、行为或技能等研究问题的回应。根据你的元认知意识，你将决定它们对你正在进行的专业发展的重要程度。这些可能是你的教学专长的一部分，你通过它们能成功实现你的意图。如果对后续课程进行集中的批判性解释，那么它们也可以作为你的教学大纲的重要组成部分。

因此，再给自己一天左右的时间来进一步思考你的分析结果，以便进行观察和分析之后，又或许在对你的课程进行了一些进一步的批判性评估之后，制定这些可以通过专业学习日程表继续进行评估和改进的专业学习设计。这些或许会成为你的专业发展基础和拓展的基石及组成部分。对于这个精炼过程，下面的问题将帮助你决定在关于下一个专业学习日程表中应该包括哪些内容。这些问题是参考性的认知框架,你可以对专业学习早期阶段已确定的问题进行识别、分析、解释和回应。你不仅需要深思熟虑地选择合适的设计,还需要考虑为什么你认为每一个设计对你来说都很重要。

我发现我的专业学习有哪些新方面需要重点关注?我如何评估他们的相对重要性?为什么这对我课堂上的学生和作为我的专业学习的一项设计来说都很重要?

在我的设计、教学和评估过程中,我将会介绍哪些过程、技能或活动,以促进我的专业学习设计和专业知识的共同发展?我什么时候能够将这些变化引入到我的教学行为中?立即,逐渐?在序列模式中,还是从长远来安排?

为什么我选择聚焦在这个地方?这将如何提高我的教学技能,从而拓展学生的学习?这是要求你考虑为什么一项设计对你很重要的理由。在下面的章节中,在专业学习日程表的单元内,你会看到这些想法和理由的应用。

之后,我要在我的教学全部技能中利用什么技能来识别和支持我对这个问题、事件或行为的回应?对这个问题的回答将形成你在专业学习日程表的程序单元中提供的部分信息。

在评估我的规划对此举措做出回应的结果时,我的成功标准是什么?

我将如何记录我的专业学习设计成就?你将获得成功纳入设计和实践的案例,作为专业学习进度审核单元中确定的设计性响应。

我对上述所有问题的回答将如何继续维持这些专业学习设计的成果?

你在这里提供的理由和评估意见将与专业学习日程表的原因和进展评估单元有关。当你具体化并假设这些设计时,它们将在规划格式中转化为你的专业目标,以便在发展专业技能时为自我评估提供指导。当它们被引入到你的计划和教学中,它们在响应已确定的专业学习需求方面的有效性,将成为你作为教师学习者能力提升的证据。

自我监控策略第五阶段(转化)中的审查和生成过程将观察策略和对这些策略的批判性质疑与你的持续专业学习联系起来。通过这些方法确定的计划将会在你分析、理论化、概念框架产生、教学与学习反应的过程中塑造你正在进行的专业学习。图式正在被你不断地构建和评估,以识别和批判性地审查你的理论、元认知、教学行为和实践。

本章小结

通过将自我监控策略五阶段与专业学习日程表相结合，你将能够在教学和学习过程的复杂性中建立起你的各种角色，并产生对持续专业学习的回应。总之，自我监控的这些策略适用于支持自主调节的自主学习。记住，优秀的教师应是积极主动的、自律的、有创造力的学习者。

第四章　学会利用专业学习日程表

学习目标

通过本章学习,你能够做到:

1.掌握进一步认识自身角色与专业技能的问询与阐释技能。

2.通过应用结构化问询有效进行自我分析和自我调节,并改善自我分析和自我调节意识。

3.通过应用专业学习日程表,进一步从理论与实践两方面加深对教学角色的认识与见解。

4.保持对教学过程和教学内容的不确定性,从而为制订有效的专业学习计划提供契机。

5.学会如何专注于导师、同事的专业学习活动,从而拓展学习内容与教育学的相关知识。

一、引言

专业学习日程表提供了一个系统性的、有挑战性的、有意义的学习框架,它用于帮助和引导教师学习者在专业学习过程中全方位理解"教什么"与"如何教"。本书呈现了一系列的探究性问题,帮助你了解所处的教学环境的复杂程度。同时,作为一本专业的教学用书,它将帮助你批判性地审视在教学意识发展过程中的固有传统方法。

以下的基本原理将从理论和实践层面进行推理,以便验证这种管理教学意识流的方法的可行性,同时这种教学意识流可以支撑和捕捉你的专业学习。本章引言部分以探究应对策略开始,通过专业学习日程表提供的学习框架,使你能够明白和了解其中的基本原理。接下来的第五章和第六章,详细说明了专业学习日程表规划策略的实践应用。如果你继续读完后面三章的内容,你就能够全面地了解到本章所讲述的具体方法,明白其中隐藏的价值,并在复杂的教学过程中,塑造属于自己的角色。同时,希望你可以有一种"我曾经读过它"的感觉,这种感觉会敦促你反复地阅读本书,进一步理解其中的内容。这一章并不像一个连续的故事,适合从头读到尾,相反,它会提供一些关键内容,引起你的好奇心,使你经常重读这些内容。当你在阅读本章相关内容时,你会发现其中所讲述的方法,与你在专业教学过程中使用的方法有些不一致,这促使你去弄明白其中具体的不一致,从而帮助你解决问题。因此,你可以使用下面章节中提供的不同方法,得出自己独特的见解,探索成为一名自信、令人信服并且求知欲强的教师的方法。

> **小贴士 4.1**
> 在未彻底弄明白之前,提出一系列具有挑战性的新方法。

二、获取个人专业学习策略的基本原理

在这些章节中,所呈现的专业学习日程表的形式及过程是一项综合性、分析性和生成性的学习手段,它要求学习者把重点放在:

· 需要进一步说明的教学问题和技巧,以便于理解和应用。

· 看似已足够,实际还应当提高的专业素质。

作为一名教师学习者,应当认识到,你的专业教学分析和专业应对措施,不仅仅是放在计划、教学、评估这些方面,还应关注到你所采用的教学方法中存在的"相对优势"的方面。通过批判性的分析和解释证明,这些教学优势可以使你的专业学习保持稳定并且持续提高,但是,其他学习方式的出现会对你专业知识的拓展和学生的学习提出挑战。在课堂教育过程中,你能够明显感觉到这种教学优势的计划和实施是成功的。当然在这个阶段,教育或教学的技能发展也会发生各种各样的不确定性。以上两个重要的方面,不仅使你能够对接下来的教学行为有一个详细的描述,而且可以详细描述你应用在教学事件中的方法,这种方法是经过质疑、解释以及综合的过程得到的,最终的目的就是抓住一个明确的重点来保证你的专业学习。

> **小贴士**4.2
>
> 教学优势和一些"不太确定"的教学方面,这两点将影响你下一步要采用的专业学习方法。

专业学习日程表包含了一系列问询、解释、理论化和创造的阶段。它提供了一种概念化的框架,用于建立、形成并监督经过多次尝试所引进的专业知识。这种学习方法的普遍特征是综合你已有的理解,将生成的教学反应应用到教学计划中,并对其时效性和未来增强的可能性进行监测。

专业学习日程表的学习方法不仅具备挑战性,随着时间的推移,目的性和复杂性也在不断增加。在一些教学事件中,一些独立于专业教学活动的教学问题、关注点、行为,可能会因为不同的教学环境和条件而产生不确定性因素,导致问题卷土重来,需要对原始反应的生成和发展进行更有目的和更有意义的说明。

例如,"关注提问"这一个普通的意图,如果被描述成"关注认知需求水平"或"调整提问顺序以促进提问效果",那么这个提问将变得更加明确和有用,因此,就要求你能够有一个清晰的教学目标和应对策略。

由于专业学习日程表形成了更加详细和复杂的框架,这种潜在概念重构为其提供了持续的再生和应用,还提供了某些不确定情况下的性质和复杂度,体现了专业学习过程的本质。专业学习日程表的专业框架中的叙述假设了一种"意义构建"的展现过程和始终聚焦教学和学习的回应,它是基本原理的一种,这种基本原理将使得专业学习日程表为增强你的知识和理解而服务。它将展示你过去是如何关注问题的,同时,也认为坚持理论与实践相结合是对专业学习的一种巩固,并揭示了发展过程中的阻碍。

专业学习日程表提供了一种工具,用来记录你在批判性反思和行动研究过程中的发展意识,使你渐渐明白你为何针对该班级采用特定的学习方法,你针对一系列课程所采用的教学计划是什么,你针对学生所设置的教学内容顺序是什么,以及如何判断所采用的教学活动是否有效地促进学生对知识的吸收和技能的获得,如何判断所采用的教学策略是否有效。因此,你要关注的是,教学的活动以及你所实施的教学计划所取得的成果。

> **小贴士**4.3
>
> 使用专业学习日程表是一种积极的体验,专业学习日程表中的方法成功揭露了许多消极的因素,并通过持续的专业发展为学习者提供了解决方案。

使用上述方法,你就掌握了教学平衡,你将会不断地审视自己,而不是仅仅依赖导师的言论或被动的告知,你将会不断强化好问的专业精神。

教师学习者在研究访谈中谈到,最初,由于他们准备引进他们自己的教学程序,因此他们依赖导师的输入或"被告知"(赞丁,2001;霍布森,2002),然后,通过这种言传式的指导,加上他们自己的试验探究和解释,变成了"内在的声音",使得他们能够在教学活动中挑战自己的方法。从某种意义上来说,他们把各自的重点放在了教学过程中所发生的事件上,并将其作为他们的计划、教学和管理的结果。

舍恩1987年将最初的思维反应称为"对行动的反思",由于自我意识中存在的自信,通过内在的关注而被放大,从而使对"在行动中的反思"的批判性认识更加频繁地发生。在教学课程中所进行的批判性分析和说明越多,这种辨别和修改的过程就越有效。将其运用到实际的教学过程中,并逐渐摸索出有建设性的想法,能够提高教师应对无法预料状况的能力。之后,你还会发现这种应对预期问题的批判能力,能够渐渐成为你在计划阶段就注意到的东西。从某种意义上来说,这将发展成为一种在教学的计划和准备阶段具备批判意识的预期响应能力(亨特,1982)。

随后,要讨论的是,如何扩展你的概念模型,包括你的同事与学生在课堂上所做的互动,以及为了使教学方法适应复杂特性,你如何扩展你所形成的概念和理论上的框架。

小贴士4.4

通过如下方式发展具备批判意识的预期能力:

1. 在教学计划过程中,注意可能产生的问题。
2. 在教学过程中,思维敏捷,做到随机应变。

更多说明,详见探讨和解释的例子,如作为教师,你将如何发展上述能力,如何学习和理解(详见第五章和第六章的专业学习日程表例子)。

由于对课堂和课后的回顾,你具备更加熟练的分析和说明能力,你将变得好学多问,达到这种状态,你在教学过程中与学生互动的能力将显著提高。你将成为专业性强并具备自我调节能力的老师,也会成为更加有见解且有求必应的老师,最终成为自己的导师。

(一)专业学习日程表的过程意义

当指导教师提供的支持及指导不能立即生效时,与同事发展成专业学习伙伴将对创建有效的学习方法非常有帮助,这种同伴互动将在后面有更多的探讨。

(二)专业学习日程表为你的批判性思维提供书面阐述

- 你的教学重点以及个人对计划、教学和评估的响应。
- 来自教学自我评估的新认识。
- 通过与同事的讨论和观察或自我观察之后,认定的专业学习方法。

因此,专业学习日程表将使你适应对自身教学角色的问询,包括对其他人的指导方法的响应。通过批判性认知过程,对自己的学习进行自我调节,你将学到如何专业地学习(详见第二章介绍的双螺旋模型)。你自身的专业持续发展十分重要,并且不是依靠相关的观察和其他专业人员的前期性指导。通过提升对调查研究的执行控制力,发展教学理论和实践能力以及后期的教学响应,你将成为一名可进行自我调节的教师。

(三)通过多种方式拓展批判意识

- 注重对学习方法复杂度的分析、询问、说明和响应。
- 将重要的认知转化到创建有效课堂教学程序上来。

在整个过程中,你将从大学或学校环境中获取教师教育计划的各种学习的理论和实践经验,从而获得内容组织和相关教学法的灵感、知识。

你所采用的专业学习日程表的解释和创造具有权威性,远远胜过一次"下意识"的反应,它将连接教师发展的教学内容和教学知识基础(舒尔曼,1986)。你要拓展知识领域和增强专业教学研究中内在的教学语言的自信,这种自信将使你能够正确表达针对学生所采用的特定的方法或策略,使你能够将理论和研究带到自身的专业知识发展中。如果你将专业教学与不断增长的经验融合在一起,你将能够利用自身对教学语言广阔的认知,形成你自己对于教育本质的认识,从而得到与实践和理论相关的论述。这种专业特性能够进行简单地引用,可以将其引用到理论和实践的原理中。举个最近比较热的关于教育问题的例子,在教学的早期,经调查发现,持续使用专业学习日程表方法的教师,他们具备问询、解释和形成的认知能力,即使在他们改变了职业的情况下,依然能够信心十足地回答采访者的问题。

> **小贴士4.5**
> 在理解教育学语言和问询策略后,你能够向他人描述你在教学中所做的理论和实践的相关性,包括在以后的职业发展环境中。

第四章 学会利用专业学习日程表

专业学习日程表的问询和生成过程,使你能够将理论和实践的意识上升到认知层面,这种认知有助于你在课堂上与学生进行教学互动。在相同框架下进行的实践看似需要及时得到响应,阐述过程中有效方法的使用,实际上将使你能够更深入地意识到你自己所采用的学习方法和得到的专业发展响应,同时也在提高你自身的教学意识。

如果你采用了这些具备探究和创造性的方法,短时间内你将感受到,你对你所采用的教学计划和方法的分析和说明越来越得心应手,对计划获得的响应也越来越满意。起初,你尝试着使用的认知框架,将进一步地提升教学的专业知识和教学方案的质量。接着,你不断地增强处理教学事件的信心,并将此作为一种专业学习。这种计划能激发你对持续探询与合成的专注力,将使你能够通过专注的询问和说明,提升自身相关的认知。

你所使用的高层次认知技能,如预测、分析、评估、合成以及创新,会使你更加容易地开发并应用这些方法。因此,即使在使用专业学习日程表认知框架的开始阶段,对前期相关问题的理解,包括特定教学方式带来的影响,都将变得更加容易,同时也越来越专注于对规律的应用。

通过使用专业学习中有效的应对计划,将减少你在处理特定事件响应中一些未知和不确定的因素。这种方法存在的因果关系是:响应的质量和有效性高度依赖科学的教学策略,因而能够克服教学过程中产生的麻烦和一些不确定的情况。在你采用教学方法时,一些看似不恰当的学生反应并没有消失,如果你还未采取有效的专业学习方法,促使你成为一名综合能力强、自信、具备操控意识的优秀教师,那么专业学习日程表将为你提供研究、试验和评估的方法。

一般情况下,专业学习日程表的框架示例,向你展示了需要重点识别的特定方式、方法和行为;提供了理论和实践的内容;同时提供了一些有用的应对策略,从而能够被借鉴到你采用的教学方式中。当在使用专业学习日程表提供的相关探询和解释思维技能的开始阶段,你可能只能得到其中一种有效的应对策略。这种现象在学习教学专业知识的早期阶段是正常的,但你应当持续寻找能使你得到不同的应对策略的方法,通过试验和评估这些方法,不仅能扩大你专业知识的范围,还能进一步提升你问和创新的技能。你可以通过增强高层次的认知方法,更加深入地了解自己的角色;通过发展专业知识和钻研教学特点,并应用在后期的专业发展中,以此来鼓励后来的教师,让他们也具备同样的专业态度和技能。

> 小贴士4.6
> 　　使用专业学习日程表相关问询和解释思维技能,这种高层次的认知方法,将使你能够更加深入地认识自己的角色,进一步提升你的专业技能。

采用这种专业的学习方法,你将对新研究领域建立的理论和实践信心十足,教师们更加愿意在管理良好的教学环境中有效地工作,并且好学多问、高度自律。当没有其他教师相互帮助且需要长时间工作时,教师就需要进行有效的自我分析,在教学工作的建立、维持和监控方面更加自立,而专业学习日程表式的专业开发方式为教师自我调节的形成提供了这样一种工具。

三、通过集中注意力,发展专业意识和控制能力

在学习采用何种教学方式的过程中,为了能够具备专业意识和控制能力,你需要做些什么呢?

你需要定期留意新出现的教学知识,学习并了解这些知识,并在学校教学人员提供的协助框架的指导下实践。在与导师协同工作的同时,思考并寻找出与同事采用的方法的相似点,即将其他教师采用的专业学习方法与自己的方法有效地结合。如果你能发起并建立一种学院式的、基于探究的专业学习伙伴关系,你需要注意的是,要对与学习者们建立的特定关系进行观察、检验和支持。这将激励你和你的伙伴既能把握知识的特性,又能在一种像导师的关系中,形成探究指导式的提问程序。同事有时可能会问及一些比较幼稚、需要进一步说明的问题,这能够触发教学事件中一些批判性的询问和解释,促进专业学习积极性与响应的有效结合,这是一种他人已知且你尽力使用的方法,而且他们可能并不将其视为专业教学的内容,甚至很少提供这方面的方法或策略。在这里,向专业学习程序提出一系列各个策略相关的问题,就显得十分重要了,而不仅仅是知道问题的正确答案。由于新入行的教师还未接触到专业发展活动,因此,需要定期地制订协作观察和讨论的计划表,这张计划表不适用于将说明性和响应方法的问询策略作为专业兴趣点的教师,以及已经参与到初级和中级教育的特定阶段并形成了同事关系的教师,而是适用于刚刚参加初级和中级教育的教师学员。对同事带来的通用课程中其他阶段详细的知识和理解或其他课程的内容,所进行的批判性分析和前馈式讨论,在经过观察之后,将提供的其他相关课程作为教师的教学内容和教学方法。例如,在中学里,语言专家与科学课程专家之间协同工作,使用特定的课程教学方法来进行提问、说明和交换。同样,从事早期教育的教师是另一关键阶段的教师,也将为学员提供他

第四章　学会利用专业学习日程表

们在学习上升的几年中针对内容顺序和技巧总结出的经验。而它是否对处于第二和第三关键阶段的教师发展伙伴关系有用呢？是否值得一试呢？

> **小贴士4.7**
> 从协同工作的导师、教师学员身上学习如何教学，共享询问式、生成式的专业学习方法。

表4.1　专业学习日程表的框架及标题栏解释

姓名：

日期	专业学习设计内容	原因	方式和时间	过程回顾和再生成——更新	考虑链接到任何外部标准
	识别你所关注的教学方法的特性，考虑教学经验和情境条件对特定的专业学习设计的影响。（详见示例表5.1）	认识专业学习设计对自己专业学习的重要性，以及对于学生学习的有效性，其中包括你所借鉴的学习方法的理论研究和实践。	方式：引用到你的教学内容和学生学习计划的详细方法和策略。（辨别并试验不同的计划响应，采用有效的方法）时间：这些策略将在什么时候形成计划？	根据你所采用的专业学习日程表的响应方法进行监测、评估和调整。识别课程顺序中最适合引入计划的反应以及何时进行。鉴于专业学习设计不定时地修订，需要进行相关的更新。	如：教师标准（英格兰）。确定标准是否最适合该专业学习设计。建议最好只重点关注一个标准。

注：本框架是暂时性的。

许多同事间的协同工作模式能够作为一种专业学习方法进行探索，以问询技能为导向建立学习方法，然后进行开发。第五章和第六章，详细描述了作为自我调节方法的两个示例，专业学习日程表的组成和策略，你可以用它来帮助你解决如何使用专业的学习方法并成为一名教师的问题。

表4.1中的专业学习日程表专业框架，展示了与专业学习设计的识别、评论、生成有关的问询阶段，专业学习设计是专业学习的关注重点，它是从教学事件中提取的，并在你所采用的教学方法中帮助你寻找需要关注的地方或需要持续发展的地方。

以下是与问询顺序有关的各个阶段的说明，你可以加以运用并完成它。通过阅读以下描述，你将发现持续修订上面的专业框架是有用处的，可以增加你对采用的方法的有效性认知。在第五章和第六章中，鉴于我们对教师学员的专业学习日程表示例进行了解释和问询，我们将继续回顾各个阶段，其中本尼(Bennie)、阿伊莎(Ayisha)、迈克(Mike)均建立了他们各自的专业认知。

四、使用专业学习日程表的框架

(一)时间

首先，你应当确定开始学习特定专业学习设计(PLI)的时间，当你后期回顾教学情境和教学内容时，这个时间将是个有用的参考点，到那时你已组织好了各种针对专业学习设计所产生的有效响应，并将它们合并到你随后的计划和教学中。

(二)什么是专业学习设计

你想检验的专业学习设计到底指的是什么？它是教学事件中的一种方法、技能，或者说是教学事件或片段中存在的一种内在资源，是课堂管理的一方面，是来自于对一名学生或多名学生的特定响应的观察，是一种你想引入你的教学过程的新的教学策略或技能，是一种监控学生学习情况的程序，等等。对于你或其他人来说，它可能是一个比较复杂的问题，但它能较容易地成为一种让你感觉你将会在教学中获得成功的行为、方法或技能，从而进一步去改善它。或者它是一种已经察觉的"不足"或"问题"，需要用增强其功能或目的的方式来进行修改。所以，基本上可以说你在教学和学习过程中，通过调查事件确定的或者通过观察和前馈会话后与导师或同事进行前馈讨论时提出的任何专业学习就是专业学习设计。在本书中，"前馈"这个术语比较常见，比"反馈"一词更受欢迎，因为它有一个明确的意图，即将专业学习的响应转移到一个更加复杂和高深的阶段，从而增强你的认知。

请记住，你需要在"批判性分析、解释和生成性响应"的初始描述中具体说明它的重点。如果你的目标是子技能而不是一般的行为集群，那么你的专业学习将更为直接和有用。例如，相对于对"开发我的提问技能"这样的设计进行识别和批判性回顾来说，以自我调节运动来使自己专注于一系列子问题的方式更有帮助。例如，"提出问题，开始专题讨论"或"提出问题，促进学生进入更高层次的思考"，在形式上，将为你带来更为具体的专业学习经验。同样地，在学习过程中，构建的设计能够引导学生的问题，也将在一定程度上以你的初步调查或教学和学习的响

第四章 学会利用专业学习日程表

应作为基础。因此,如果各项设计得到确认并逐一考虑,那么对你的批判性回顾将更加有效。

之后,你可能会发现,其他设计都将来自这个问题领域,当你在思考为学生的概念发展提供结构问题时,学生开始理解数学中的概念,例如,数字、历史中的因果关系或地理中的空间意识等。更多的讨论,请参见第七章。

首先应"找到"与你的教学行为(或者面对某个问题时学生的学习行为)直接相关的具体方面,然后在以后注意,你要如何从这个基础性行为中推演产生其他行为。所有这些专业学习途径,通过批判性分析、解释和生成性响应后,都将对你的教师专业知识形成具有重要意义,特别是这些过程将增强你个人对学习策略的认识。正如专业学习中互锁和互动的双螺旋模型所提出的(在第二章中讨论过),专业学习的本质和句法定位两个方面都将通过你不断发展的策略产生交织并得到加强。这种情况发生在你从专业学习设计转移到专业学习日程表建立和扩展,并可以暂时引入到实质性定位的创造性课程或教学响应的过程中。

在课堂的专业学习环境直接工作的情况下,应通过自我评估和批判性评论来确定这些专业学习设计,不过有些人会选择通过观察和随后与同事、同伴和导师进行的"前馈"会话进入批判性评论。重要的是,我们应在这种互动和专业投入后,尽快将注意力切换到这种"新"的专业学习设计上。如果这是一个需要响应的问题或挑战,那么我们建议你尽早开始问询过程。在有针对性的课程或在上课日结束时(或者最好在休息时间)预留部分时间,进行专业学习分析,从而找到更为专注的设计来指导你持续的专业学习。如果你已经做了简短的分析,即时发布的任何事件都会给你提供便利,无论是积极还是消极的,这些都将有助于你将注意力集中在以后的评论上。

我们强调,确定专业学习设计不应限制在关注或挑战的领域上。为了促进你的专业学习,应当将侧重点放在某一项技能、技术或理念上,从而增加你的计划和教学内容的多样性以及提高教学质量。你所具备的与响应课程内容、教育学和学生问题相关的优势将会扩展到你通过成功参与教学过程而形成的控制力和自信心中(麦金塔和史密斯,1974)。

作为一名教师学员,在提高你的引导能力时,应保持一个平衡的视角,这一点很重要。只关注角色的"不太理想"或消极方面会带来压力,所以可以适时放松,并且看看这些有效的教学行为和策略如何得到了加强,如何更广泛地应用于其他教学和学习情况。

在第三章的教学过程的自我监控策略五阶段中讨论了对批判性回顾和教学响应意图的平衡。识别、庆祝成功的过程和结果对于持续发展来说,其重要性等同于你对需要关注的领域和技能的详细描述。

以下是分析专业学习设计的特点时需要考虑的潜在探究性问题：

· 在一个教学过程中，哪些计划或问题需要特别注意？

· 教师技能或行为是否需要细分成不同的组成部分？如果需要，请问这些组成部分具体包括哪些？这些属性或组成部分是否存在一定的顺序？是否存在优先需求，请详细列举。

· 现在，我已经将这些组成部分清楚地表达出来，请问，其中是否有一个组成部分能够为各项策略中的技能或行为顺序奠定基础？我如何才能决定我在专业学习过程中，使用这些专业学习设计的顺序？

· 我如何才能判断哪些相关技能或行为可能会成为潜在的专业学习设计元素，并据此形成能够清楚表达自己的顺序或序列的最低计划？最初需特别注意哪些，如何才能立即对其做出响应？

你所选择的专业学习设计需要更加具体，从而才能进行详细和相关分析，并做出后续响应。将注意力放在组成部分上并激活需要单独分析的各个方面，其后续的目标是在一个更为普遍的理解和应用中对其进行合成。设计越具体、越详细，就越能帮助你确定批判性分析、探究、解释和生成响应及其内容。

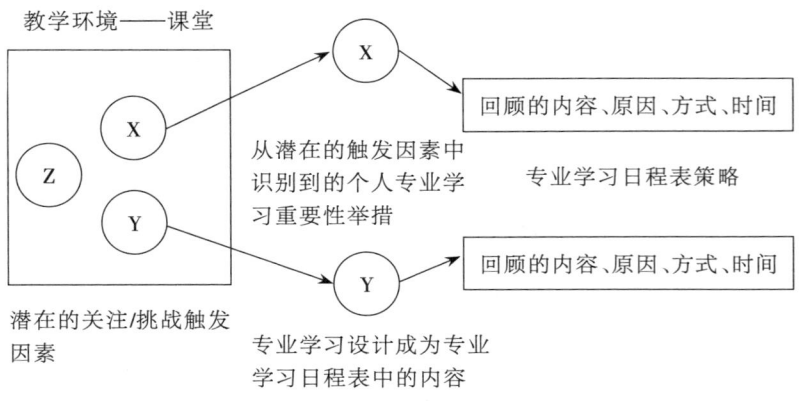

图4.1 在教学过程中识别专业学习设计

步骤一：确定并分析在教学过程中发生的具有挑战性的事件。这可能与教师或学生的行为有关。这个具有挑战性的事件可能会破坏课程的正常流程，包括内容和顺序，可能会对教师和学生产生负面或者消极的结果，你可能无法在紧急情况下对事件做出令人满意的结论或处理，但你需要简要记录你所经历的不确定性或积极反馈。这时候，请通过第三章中指出的自我监控策略，识别和思考这些事件的处理方法。

步骤二：然后对识别的事件进行后续的批判性分析，分析单个或一组专业学习设计。这是专业学习日程表策略发展的批判性分析、问询和创新性的直接焦点——尽管你已经制定了一系列计划,但是仍需要确定专业学习日程表解决方案的优先次序。

步骤三:然后通过策略的推理、创造和监控程序分别处理已经列出的专业学习设计。建议将每个专业学习设计放在理论和实际环境(原因)中,在随后各个阶段产生许多潜在的教学和学习响应(方式和时间)。可以想象,通过单一的行为(教师或学生)事件可以开辟一些专业学习设计。只有一个"方式"响应时,可能能够实现预期的教学成果,但概率不高。

步骤四:这是专业学习过程的监控、回顾和持续处理阶段。很重要的一点是,你可以使用自我评估,将前馈的评论和修改包含在不同的教学计划中。(注意:这也是一个循环前进的过程,而不是一个循环内的学习过程,有可能在起点即已完成!)

(三)原因

为什么这是你需要关注的计划?答案绝不是因为这项计划是大学或学校学习单元的要求。是的,你需要考虑这些定位,但不能把你的专业学习日程表设计视为你个人专业发展的具体情况。你可能会发现这些任务的子集可能适合你,因此,将这些任务应用于学习后,你可能会将其归纳到专业学习日程表探究过程中。

这些问询和分析焦点使你能够以无缝的方式将你打算引入该计划的专业学习过程的理论和实践观点联系起来。当你在降低环境和先行条件以及计划所带来的影响,并在教学和学习过程的理论和实践方面为其找到一席之地时,这个过程即称为与你的角色相关的专业学习时间。

在一个可能支持该问询阶段的提问过程中,"我"正在寻找与所确定的专业学习设计相关的信息可能包括以下几个方面。

- 我如何才能看到这些计划背后的效果,确定个人的定位,从而做出有意义的响应?
- 我如何将这一计划的实践阶段和实践应用的理论解释与研究联系起来?
- 现在我已能够分析该设计的具体类型,那么,我应怎样将其放回规划好的教学环境中?
- 哪些可以被确定为影响专业学习设计的先行条件或最基本的情境条件?需要收集哪些信息才能形成这种环境意识?
- 如何引导我的专业分析意识,是以单独还是集体的方式来回应这些影响?我的批判性分析、问询、解释和理论能否说明这些影响以及环境因素,并作为有效起点?
- 如何将我收集的信息进行分类和推断?我是否需要以表格或概念网络的形

式进行构建和概念化？如何组织这些信息以便于理解和解释？

・在这些行动中,哪一项行动会使人们更清楚地了解这个专业学习设计属性的相关性？

・一旦我生成了这些属性的聚类图,我就可以对需要进行的更改或修改做出明智的决定,或者我是否需要搜索理论文献、征询建议？

・我是否也应该回顾一下关于本人专业学习设计中的学习单元的知识,加深理解？

・我能否找到一位在课程或教学法领域具有丰富知识和经验的学校同事？

这种性质的提问首先需要启动对知识的深化、理解和应用的行动计划,其次拟定一系列问询策略,以指导你专业学习的各方面。

上述过程考虑了你个人专业发展的重要性,以及如何提高你的计划和后续活动对学生学习响应的有效性。记住要总结参考的相关理论和研究的重要性,这些相关理论和研究可能也与你或其他人对所选择计划重要性的理解有关。当你通过与他人或监督人员分享信息进行定期回顾时,你可能需要为你的响应方式和本质提供正当理论依据,此时,参考文献和示例将发挥重大作用。

（四）方式

响应式学习活动将如何实现结构化和资源化？在调查中,专业学习日程表的解释和生成过程与采集到的专业学习设计信息直接相关,并且能够帮助你生成潜在的策略响应。本文详细介绍了应该引入到你教学计划和教学目录中的过程和策略,以及随后的学生学习计划,作为你专业学习计划的直接响应。

在这个阶段,你需要通过考虑探究性问题的方式,对一些在意图和目的两方面进行了说明的专业学习设计做出潜在响应。你可能会考虑这些问题与表的内容相关性,与需要扩展的技能行为的具体定义的相关性。在分析过程中参考实际和理论表征,将这些考虑作为对计划内容的详细分析,在这些阶段结束时,你将继续确定专业学习的重点。

既然已经确定学习重点,接下来,应确定潜在策略的范围,这些策略可以添加到相关课程领域的内容和过程中,以便对计划做出响应。

你如何将你的批判性分析和解释转化为实际的教学行动方案,在这个方案生成过程的最初阶段,你很可能只能制定一个可能的行动方案,用于实施,并且随后可以用来监测其相关性和有效性。

当你越来越习惯通过解释、合成和预测相关技能来控制和指导你的自我评价过程时,你会发现,形成你个人专业学习设计的教学方案的选择范围可能越来越大。通过从一系列潜在的教学和学习解决方案中进行选择的方式,将提高你学习过程的灵活性,更好地与你所觉察的或预期的学习环境匹配。由于你现在看到的是学习环境的变化性质,以及学生对预期内容的响应,所以这一行动方案被认为是目前这种情况下最相关的策略。

在选择最有效的策略响应的理论化和生成阶段,你还需要预测你的行动可能带来的后果。从某种意义上说,你正在尝试一种细致的方法,但也要意识到你对这个选择的预测,并且对策略中的组成部分的预想,将会抑制或扩大你想实现的学习和参与程度。在采取行动之前,你需要采用批判性分析流程,以便能够做好充分准备,对执行过程中发生的各种可能的变化做出响应。在对规划阶段进行回顾时,你准备的规划和后续教学过程将为你提供多种选择。

当你将注意力集中在学生注意力的细微差别上时,你更能够适应现在的教学过程,因为学生们已经能够将他们之前的学习与现在的学习联系起来。在为教学工作做准备时,交流和解读效率得到提高,你的注意力也将越来越集中,因此能够在运行中改变或修改学习体验的内容和策略,而你将越来越关注课程内容和过程的性质,以及学生参与你分享和创建的活动以及相关计划的方式。这些准备和规划策略将在后面关于教学课程的内容组织和教学法的章节中重新讨论(见第七章)。

最初支持调查过程这个生成阶段的问题顺序可能包括以下几个方面:

·考虑到这个问题,在以学科内容和在大学教育学课程中提出了什么?

·哪些图书馆和互联网信息基地可供使用?(你可以从已确定的计划开始,然后确定这些计划是否与杂志期刊引文中的研究描述相匹配。或者,使用相关的词汇/短语搜索,找到可以引用的起始列表,这些引用可能需要通过一个关键的排序过程来实现关联和应用。)

·学校里是否有人员具备本课程内容、教学法或行为领域中的实践经验?

·在我接触这些同事之前,我需要计划什么?详细确定这个问题的内容——为什么对于我的教学途径而言有一定意义?到目前为止,我发现的与之相关的内容有哪些?(重要的是你将被视为一个已经具备这些知识和理解的专业人士,现在正在寻求进一步说明和指导,确定未来问询的方向。)

·我应该何时与专业人员进行联系?通过部分准备工作,将自身定位为教师学习者,能够承担个人专业发展过程中的持续责任,也对从他人处获得知识和理解有一定的信心。

·在响应专业学习设计之后,确定和回顾"与我的目的相符"的策略,然后开始实施和监督。哪些策略应首先引入我的教学计划?引入前,学生是否要求具备必备知识和技能?明确如何将这些新学习计划加入到学生已经了解的内容中是非常重要的。那么,应该怎样优先考虑并准备其他相关策略,将其引入教学计划?

·如何对课程和教学响应引入到我的计划和教学中这个过程进行监督和评估?首先我们需要仔细分析关键课程,这个批判性的回顾过程需要在课程结束后尽快进行。

(五)时间

你自身已形成的学习经验什么时候引入到教学和学习计划?作为专业学习日程表形式中"方式"的一个分阶段,这个焦点为何时将你针对专业学习设计制定的策略和教学响应引入你的教学和学习举措提供了参考,包括实现这个计划内容的特定时间框架?你提出的对已确定的专业学习设计的响应可能会在多次实践过程中进行规划,包括教学阶段。

五、过程回顾和重新生成——更新

当你在计划和教学中已经实施了对专业学习设计的策略响应之后,应对其效果进行评估,确定是否达到目标。记录评估意见时,应考虑与具体响应有关的变化,并且对可能引入的修改进行说明,以使这些新策略能够帮助促进你的教师技能发展。你可能会发现,引入到你的教学目录中的策略有时候并不能完全取得成功或起到立竿见影的效果。研究引入新教学策略或技能的变革过程后发现,在许多实践中,如果正在考虑的是一种复杂的教学模式,则在实施过程中,实现控制之前,可能需要进行十项或更多的试验。所以,实践可能会让情况得到改善,但是正如你将这种习惯带到你的教学和学习环境中一样,在许多场合,你都从实践中获得基础并得到加强(乔伊斯和肖沃斯,2002)。你要习惯于不断重复地执行,关注批判性分析、解释、评估,才会促使一切变得更加完美。

专业学习过程的发展,其实是指你意识到通过从混淆或认知失调的初始阶段继续往前,即可实现有意义的学习过程。如果你在新策略执行的早期阶段略有踌躇,不要紧,你可以通过将你的关注点放在研究和实施探究理论和生成策略上,从而解决这一问题(兰格和巴勒斯兰奇,1994)。

如果一个成功的解决方案在实现过程中遇到坎坷,可能会让人的情绪发生剧烈变化。因此,在专业学习的早期阶段,需要通过收集和增强策略,加强你对自身关注点的了解。使用专业学习日程表结构和收集的问题可能会减少课堂工作中的不确定性和压力。教师是一个耗时且对精力、身体要求很高的职业,所以在工作过程中一定要灵活,并使用概念框架,这样你可以在学校期间,更加容易理解问题,并及时确定方向。

六、与外部标准的链接

在英国的教育体系中,成功的新手教师所具备的能力即定义为"教师标准",而在澳大利亚,则应参考国家教师职业标准(ITSL)。

在你作为教师学习者的早年工作期间的不同时间,你需要根据雇主机构的法定要求进行评估。你会发现,如果你对正在进行的实践进行批判性分析和解释时,参考专业学习日程表中的这些内容,你将能更好地回答关于监督人员提出的关于你对这些标准的认识和参与的问题。请尽量确定与特定专业学习设计具有最佳联系的标准或准则,而不是简单地宽泛列出。如果只是笼统地针对专业学习设计列出一份次要标准清单,可能会让人感到困惑,并且也无法证明你在专业学习中是如何做到具体和专注的。这个标准点是你正在构建的个人专业学习日程表中的培养计划,通过本书的指导,你将了解在应对非常复杂的教学和学习情景时,你所扮演的角色。你将看到标准/准则如何与你在课堂和学校学习环境中的工作相关联,而不是受到这些外部因素的制约或驱动。

那些负责课程结构和执行的人员需要注意到这些与职业相关的外部标准,并且将这些教师能力放入不同的内容和教育环境以及计划学习单元中。因此,你很可能已经从你的课程/课程组成部分中有一些初步发现,你可以引导学校的教学人员在与你的专业学习互动时也使用这种最佳的教学法。

七、用于理解和回顾个人专业学习的问询式、解释式和生成式策略

在本章的前面部分,提出了一个空白的专业学习日程表形式,为随后的单元阶段描述提供了参考。下面的例子和其他章节中的内容将帮助你澄清这些专业学习设计的分析和发展过程中每个探究阶段的含义和解释。这些内容将告诉你,作为教师学习者,你应如何专注于并指导你的探究,从而产生潜在的、暂时的教学和管理响应,以便将其包含在你的教学计划中,并成为你的技能目录的一部分。问题和讨论详细说明了这些示例,进一步阐明了教师学习者的初始和合成策略响应。现在我们将参考本尼、爱伊莎、迈克和其他人的专业学习,简要预习一下,是在接下来的章节中我们的学习重点。

表4.2是帕特里克的一个示例,其中包括他使用专业学习日程表的单元阶段以及对专业学习的组成部分的响应。

这是一个用来说明像你这样的教师学习者,如何开始对不断发展的专业学习

要素进行批判性回顾的例子。请注意,本书中使用的示例是以正在进行的工作为说明性材料来呈现的,并未包含在完成的专业学习过程的示例中。你可以带着一种批判态度仔细阅读这些内容,将自身带入到专业学习日程表环境中和如何形成专业意识的思考氛围中。

> **前期回顾**
>
> 到目前为止,在第一章和第二章中,我们已经确定了理论研究的各个方面,这些内容已经提出了两个独立的具体策略来探索教师学习者的个人专业学习课程的概念和应用。在第三章中,我们介绍了自我监控策略的五阶段(REACT)的过程,用于检查教学的规划、实施和评估。这是第一次介绍专业学习的重点,与计划的概念相关。本章介绍了专业学习日程表(PLA)的自我调节策略。该策略是通过你对专业学习设计的分析所引发的,这种专业学习设计是从一个你认为有利于增进理解和技能的教学事件中推断出来的。在下面的第五章和第六章中,我们将逐步分析教师学习者在专注于职业学习时可能经历的过程,本尼、爱伊莎、迈克和其他人的研究成果也用于这一过程。这些都是教师学习者在批判性分析、解释和生成方面所做努力的实际例子,并为你提供机会与他人共同努力,为自己进行这些自我调节做准备。因此,将这些视为专业学习活动,能帮助你进一步触发和调节不断发展的专业知识和对其的理解。

表4.2 帕特里克的专业学习日程表

日期	专业学习设计内容	原因	方式和时间	过程回顾和再生成——更新	考虑链接到任何外部标准
	识别你所关注的教学技能或行为。具体来说,考虑影响这一具体专业学习设计的先行条件和环境条件。参见图4.1中的示例。	从你自身的专业学习角度出发,探索专业学习设计的重要性以及对学生学习的有效性,包括你根据计划进行的学习过程得出的可能的理论、研究和实际关联。	方式: 详细说明应引入你的教学目录和学生学习计划中的过程和策略。(做好准备以识别和试用多个规划好的响应,以找到适用的有效途径)。 时间: 什么时候计划这些行为?	你对专业学习设计的响应进行监督、评估和改进。确定课程顺序,使其更适用于引入最新形成的响应,以及明确进行该项行为的时间。 需要确定更新顺序,在不同的时间对专业学习设计进行回顾。	如:教师标准(英格兰)。 明确与该举措最适宜的标准/准则。 最好只关注其中一个。

第四章　学会利用专业学习日程表

续表

日期	专业学习设计内容	原因	方式和时间	过程回顾和再生成——更新	考虑链接到任何外部标准
10月10日	确定需要区别对待的内容和学习过程规划，对学生学习效果最佳的不同方式做出响应，比如音频、视频、肌肉运动知觉，以及如何将注意力放在这些特征上，从而有效地推进学生的学习过程。	布鲁纳建议在学习新概念时，形成相关活动框架，涵盖各种规则制定、图标和符号定位。在规划学习活动，特别是在概念中引入新的属性，对之前的知识形成理解时，该项需求应随时记在脑海中。重要的一点是，每次定位都应通过确定学习经验的顺序来引入，从而确保对个体的学习喜好做出响应。因此，需要将这些定位包含在不同范围的活动以及规划过程顺序中。	方式： 最初，需要将评估过程的侧重点放在确定课堂上每个学生可能更偏好的学习定位上。这种评估式理解将为内容规划和学习计划顺序提供指导，从而确保所有学生能够了解课程的概念和属性。所有学生都需要参与所有的活动。也需要考虑"提问策略"的性质，用于刺激、引导和评估已实现的学习。示例，在引入该规划过程的早期阶段后，计划应包含多个侧重点，其中包括一个定位的活动，比如"规则制定的时间：计划和准备过程中正在进行的有关方面"。将尝试多个规划模式，从而形成我个人对该组学生权利平衡的理解。我认为这将成为我规划的一大优势。	第一种情况是引入规划观点，我发现年轻学生在参与广泛的学习活动时，基于任务的活动越来越多。最初是鼓励学生开展我所评估过的活动，从而对其更为偏好的学习风格做出最佳响应，但是也鼓励他们尝试其他任务。 最初，这点为规划过程提供了积极反馈。我将继续改进这个过程和顺序。	教师标准：论证学生学习的知识和理解，以及如何对教学产生影响。

续表

日期	专业学习设计内容	原因	方式和时间	过程回顾和再生成——更新	考虑链接到任何外部标准
10月14日	有效的支持人员布置：在学习的各个阶段，向学生发布明确的行为指示，以及我可能希望他们成为哪种类型的学生，从而提高学生学习。	需要更多成年人参与课堂，与支持的员工一起分享老师的期望，从而在课程的相关点上对学生进行指导和扩展，比如在主要活动或课程期间进行审议。在教学过程某些时候，教师助理将会坐在教室后面听课，借此，增强教学效果，确保学生加深理解，丰富知识。	方式：提前分享学习计划、学习意图和成功标准。预留时间进行讨论和澄清。在课程的各个阶段，发出明确指示，安排配合工作人员，以及应提出的问题，从而为学生的学习提供支持。这些问题将在课程规划中给出。明确教辅人员对特定的学习者的责任。时间：在该过程进行期间以及后续的学校体验规划过程。	创建应完成的任务列表，确保员工能够对团队的要求有明确和侧重的理解。	与同事形成有效的职业关系，了解收集建议和专家支持的方式和时间。

本章小结

本章介绍了专业学习日程表(PLA)的自我调节策略。该策略是通过你对专业学习设计的识别所引发的，这种专业学习设计是从一个你认为有利于增进理解和提升技能的教学事件中推断出来的。专业学习日程表提供的学习框架，有助于教师学习者从不同角度理解自己的教学。因此，利用好专业学习日程表，你就会逐渐成为一名自信、令人信服并且求知欲强的教师。

第五章 提高你的专业学习能力

学习目标

阅读完本章,你应当能够:
- 了解专业学习日程表的自我问询结构和专业学习潜力。
- 了解如何专注于专业学习,并加强对这种学习的控制。
- 解释并回顾教师学习者应用这一策略的案例,对满足特定学习需求这一过程有一定的概念。
- 了解如何继续挑战你不断发展的概念框架,以此来确定你的教学角色。

一、引言

在本章中,你将找到一个以自我问询为中心的专业学习日程表(PLA)的案例。这个案例中的方法和形式已经成为自我调节和进一步推进自己专业学习的一种广泛使用方式。随着实践的不断深入,这个案例也越来越有意义。在本章和第六章的案例中就阐述了如何通过使用专业学习日程表来指导和增强你的个性化学习方法,使你能够持续地进行专业学习。并且当你能够细化你的学习意图并获得相关的批判性思维技巧时,你就可以通过这种策略来掌控现在以及整个教学生涯的个性化专业发展。

在本章中,我们也会不时地对第四章中包含的一些概念和相关的自我问询过程进行回顾。这种对早期讨论内容的进一步深思,将使你能够把它们更熟练地置于不同的概念和学习环境中,从而提高你的专业理解能力。对于作者以及与他们合作过的教师来说,不断调整自我认知已成为一种常态。他们经过多年的教学学习,仍在不断修改和完善自己的专业学习方法。

专业学习日程表为确定专业学习设计(PLI)的内容、原因、方式和时间提供了一个框架。用于帮助你在教学设计中根据事件(背景)或一系列教学过程来确定专业学习设计。而专业学习设计中的内容、原因、方式以及时间的提出又对教学过程中的批判性反思进行了质疑,所以该形式还获得了你对这一设计的批判性分析的回应。因此第四章所提出和讨论的问题主要用于激发这些分析、解释、询问并产生相关的回应,正是在这样的过程中,你才能检验这些专业学习设计及其实际应用。然后对你产生的反应进行审视,进而融入你正在进行的专业学习日程表和相关的设计过程当中。

虽然在专业学习日程表中确定的一系列问题具有不确定性,但它们的关联性能够促使你制定批判性的自我问询过程,并产生潜在的教学技能成果。这里需要着重思考的一点是,本文对专业学习日程表每个阶段的描述都很全面,并且这一描述还与当前知识和理解背景内的批判性自我问询相关。因此,当你扩展教学方法理论和实践领域的知识时,可以把专业学习日程表这种方法作为一种学习策略,并将这些策略运用到你的教学中,这也表明了你对专业意识的理解提升到了一个清晰全面的水平。所以在对第一、二章进行回顾时,你可以认识到当教学环境的复杂性产生有效理论和实践反应时,正是你的教学意识水平得以提高的重要阶段。

二、探索并讨论专业学习方法

教师学习者本尼(Bennie)在采用了专业学习日程表这种形式和相关的自我问询方法之后,开发了专业学习日程表这一案例。并且她还在自己的教学中总结了一些经验,她认为只有批判性地分析潜在内容及教学反应,才能促进自我理解。如果你能将这种相关的类似经验整合到一些通用设计中,则对于你的专业成长更为有效。

为了有效利用这种案例,首先要把自己放在专业学习日程表发起人本尼的角色中,将你的学习集中在专业学习日程表特定阶段的目标上。当然案例中还包括一些关于阶段的解释性注释,这些注释也是在本尼的案例中所发展出来的,因此,通过这种方式,就相当于我们一起在研究这个案例,当然在适当的时机我们也会提供清晰的思路和建议。

为了帮助你了解这个专业学习方法的流程,这个案例还借用了维果茨基的"专家支持"对"专业人士"的意见进行了质疑,这些"专业人士"的意见可能同样在适当的时机由我们的指导老师所提供,或者在专业学习合作的情况下由同行或同事所提供。这些意见旨在鼓励和帮助你概念化和背景化已经偏离的评论。当然,你可以把这些专业人士的意见和问题看作是来自于他们自我的一种好奇心,这将使你回想起第二章中介绍的自我好奇心的重要作用。因此,在这个案例中,来自专业人士的贡献就是能够使你很快地对你自己的专业学习进行批判性分析和解释。

当你阅读这个以及后面的案例时,需要思考教师学习者为什么会问这个特别的问题,并能对此做出清晰的评价。如果你能关注并理解他人的意图和建议,你将有效地检验自我调节的方法,且这些方法就是你进行自我问询的方法。因此当你以这种方式工作时,你就会变得更加擅长于关注专业学习中与你的专业发展最相关的事情,你就可以从这些教学方法中确定自己的设计,并以分析性和创造性的意识重新建构设计,然后再将其带到自我调节的方法中。

在某种程度上,这种复杂的概念化内容,可以反映出专业的见解。因此通过批判性分析,你可以更深入地了解其固有的理论和实践,然后再增强你对教学方法的认识和理解。

这里提供的一些专业人士的意见,作为一种论证方式,证明了当你在问询已确定的专业学习设计方面的问题时,你的问询可能会得到改进。这从某种意义上讲,意味着当你在调节专业学习方法的过程中扮演好奇的角色时,你就变成了"专业人士"。因此,作为一名专业学习日程表的使用者,当你对你的教学计划和教学进度做出反应时,你的分析能力和生成能力就会得以提升。当你开始寻求更高层次教学意识的成长时,你就需要不断内化专业人士的角色,以增加对专业学习设计探究的好奇心并产生更多潜在的设计。这时作为一个有意识的专业人士,你需要在自我调节的专业学习日程表和专业学习方法中增强其他层次的认知信心和适应性。

在以后的案例中,你可能希望借此机会对所提供的分析和说明提出一些补充的反馈性评论。因此假设在批判性地评论别人的工作时,你扮演好奇的角色将有助于增强自身的理解,并且在专业学习日程表的自我问询过程中所提供的分析和解释也让评论家及随后的教师学习者更容易理解。当然更重要的是,你要继续将这些双重角色引入到你的专业学习中。你要成为一个有效回应自己想法的分析者和创造者,同时也是自己或他人专业思想的评论者。

> **小贴士**5.1
> 成为你专业思维理论及实践反应的分析者、创造者和评论者。

三、使用专业学习日程表的人日益增多

他们发现,早些时候,当教师对专业学习日程表进行试验和发展时,如果是来自专业人士的评论或来自他们自己的评论被直接嵌入到写作中时,那么在专业学习日程表的各个阶段,它就能够更精确地指导他们进一步加强专业学习,并且嵌入的评论能够使他们更加关注分析和解释。因此当你在思考你的描述和分析的变化时,或者当你正处于日程表某个阶段的学习时,去引导一位导师、同行或同事进入"批判性朋友"的角色,你可能会发现这是一种有效的方法。且当你参与重要的分析、解释和生成过程时,或者回顾专业学习日程表每个阶段中输入的反应时,一个批判性朋友或自我的好奇心都是相关联的。因此在实践中,你可能还会发现,在一些阶段中直接对文本进行注释也是很有帮助的。

在以下案例中,为了阐明每个形式阶段的意图,目前提供了两种专业人士的评论方式:(1)重新审视具体阶段的目的和过程的一般性评论。例如,"提醒读者专业学习日程表的目的和内容是什么?"(2)评论者可能对你如何提供批评性分析评论做出预期说明。例如,"专业人士或充满好奇心的我会如何回应本尼?"

通过提出清晰的批判性意见这种方式,说明专业人士如何对教师学习者的探究调查和后面的阶段分析做出进一步的质疑,专业学习日程表提供了一种结构化的方法来集中你的自我问询过程,因为不同层次的复杂性和完整性可能会在探究重点问题的排序中不断变化,所以你可以根据实际情况灵活处理。并且很可能你在理解教学方法的初始阶段,会对很多方面感到不确定。但是你需要接受这个挑战,你可以通过加强批判性分析,加强对你自己实践的理解来解决这个问题。因为只要通过分析和理解就能把其影响因素、背景和前因进行仔细分类。在你初步尝试这种自我批判意识期间,你可能找不到对专业学习设计的"完美"回应。这时你应该将这些看作是合理的过程性反应,你要接受,随着这些专业学习技能的发展,创造力将变得更加明显。并且随着时间的推移,使用专业学习日程表解决方案,你不仅可以增强你的语法技能(用于学习如何学习),还可以获得实质性知识(教学的内容和方式),并把相关的实用性应用于你不断发展的想法。且重要的是,你要在专业学习日程表中预测你的个人成长过程,这时你可能需要回顾一下第二章中重点强调的教师专业学习的相关模式。

当作为高级认知水平的批判性分析方法在不同的学习环境中获取、运用、检验时,你在前期学习中的重要记录将继续处于复杂的发展过程中。知道如何应对教学管理挑战的这种能力,是通过长期专注的运用所理解的。探究专业学习日程表使用方法的重要性也不应该被视为另一个需要执行并完成的学术任务,而应该作

为一种可以深入理解、实践专业知识的方法。

在这一章中,你将研究本尼的专业学习日程表所产生的反应,然后在下一章中你会看到其他教师,包括阿伊莎,在与其他专业人士的评论相同的情况下,扮演了评论者和前馈提供者的角色。这时你可能会问为什么不把自己置于好奇的教师学习者的位置上,并进一步阐明你如何分析、询问、解释和生成对专业学习设计的反应?

在这个案例中,你是否认识到你已经确定了正在进行的专业学习设计?例如,在课堂上,你如何识别和应对学生的分心行为?如果这具有相关性,你会如何批判性地分析和解释这位教师学习者的专业思想?在此提出的问题可能包括:

· 我是否会以另一种方式改进或定义这一设计?我将介绍哪些属性来进一步阐明该设计以及详细分析自我问询及应用的持续性?

· 它代表一种单一的教学行为或技能,还是一组具有共同特征、功能并因此具有预期结果的行为?

· 我如何识别和处理这样一组教学行为?

· 我希望通过什么样的理论及实践去调查它们潜在的包容性,以展示我对该设计教学背景的理解?

· 在我的教学设计和技能中,我还有什么其他的策略性反应吗?

· 我何时、以何种方式去评估这些反应措施的有效性,以便进行修改?

如果需要替代策略或教学技能的发展而不是轻微改变的话,那么对专业学习日程表研究过程的回顾将告知你答案,且这些例子中提供的信息应该参与到各种专业的角度中来。

对于你不断的专业学习,你应该思考你的三重身份:一是作为回应式项目的开发人员;二是作为回应式项目的执行人员;三是作为设计、教学、管理和评估过程的参与人员。除了获得对课程内容和教学方法的实质性理解,以及学习什么和如何教学外,还需要不断加强分析、询问、预测、评估以及综合的元认知过程。正是通过这些过程,你才能不断增强你对教学环境中角色和经验的理解。且当你习惯于采用这些观点时,将使你能够对你现在所知道的东西提出挑战,并将目光投向下一阶段的专业学习。这意味着你正在成长为一名敏锐且会自我调节的专业人士。

小贴士5.2

采用以下两者的互补作用:

· 回应式教学和学习计划的开发者和实施者。

· 进入设计、教学、管理和评估过程的一个自我问询者。

四、本尼的专业学习设计案例

让我们通过一个专业学习设计的案例来识别并批判性地回顾工作,主要从下面两个角度来回顾这个案例:一是作为个人专业学习的咨询者(学习者),二是作为提供"前馈"评论的专业人士。通过将一名教师学习者的分析和回应与另一名专业人士的批判性分析评论结合起来,以强化教师学习者可以采用的观点。

表5.1 本尼的专业学习日程表

日期	专业学习设计内容	原因	方式和时间	过程回顾和再生成——更新	考虑链接到任何外部标准
	识别你所关注的教学方法的特性,考虑教学经验和情境条件对特定的专业学习日程表的影响。	探索专业学习设计对于你自身的专业学习以及学生学习能够起到的积极作用,在现有理论成果中,为专业学习的设计寻找坚实有力的理论依据。	方式:引用到你教学内容和学生学习计划的详细方法和策略(辨别并试验不同的计划响应,采用有效的方法)。时间:这些策略将在什么时候形成计划?	你对专业学习设计的回应会受到监控。根据需要进行评估和采用。确定哪些课程最适合引入新形式的回应以及何时进行。当专业学习设计在不同时间被检查时,将有必要进行一系列更新。	例如,教师标准。确定一个最适合这一计划的标准,以便更好地适应这一计划。
3月2日	确保对学生的成绩、进步的自我问询。我确信我正在推动孩子们的学习进步,并且在我的教学中取得成效。孩子们的理解是什么?我认为我在教什么?如果它没有成效,就通过参加相关的计划、教学策略和评估来适应我的教学。	我本周在计算活动期间的小组工作经验。孩子们似乎并没有掌握硬币的价值概念,有些人正在计算硬币的数量,而不是计算它的价值,认识到了孩子们没有信心计算两个硬币的价值。我发现很难同时教所有的孩子。	专注于开发一个精心计划所需要的先决条件。在介绍会期间或在课后评估会议期间做出自我评估后的回应。我需要研究下一课的计划,看看我需要如何调整它以填补已确定的儿童学习方面的空白。	在形成性评估过程中取得了进展,通过反思教学计划和评估会议重新调整了我的计划,从而确保该计划是基于学生获得知识而创建的。这将是一个持续的过程,确保我一直在为学生的成就、进步和成果而不断努力。	标准2:通过有效地监测和评估学生的成就、进步和成果。(注意:重要的是要提供对所提到的评估标准的简要说明,它会继续提供"评论点"来帮助你的专业学习)。

续表

日期	专业学习设计内容	原因	方式和时间	过程回顾和再生成——更新	考虑链接到任何外部标准
	如果我不觉得孩子们正在掌握我想教的东西，那么请确保我仍然乐观。这时我的教学需要改变和适应。		如果我不相信孩子们正在掌握我所教的内容，那么我应该与指导老师讨论进展情况。我应该就如何进行学习或如何调整我的教学提出看法。除了这样的讨论，我还需要说明一下特定主题中的一些概念如何与学生的知识水平和理解水平相匹配，以保持学习中更多的重点将被纳入评估。 在我的课程教学期间制定策略，以便我可以保持孩子学习的连续性，而不仅仅是在学习的开始和结束时进行学习活动，本周重点关注这一周计算方面的问题也出现在学校经验上。		

(1)个人专业学习过程中的"探究者"和"自我监控"角色。

(2)一个"评论者"的观点认为,像你这样的教师,在提高专业学习策略和专业技能方面,已经掌握了批判性的回顾方法。

这再次强调和巩固了你是一个自律专业人士的信条。在本尼的案例中,最初她发现了一个对她而言有重要意义的专业学习设计,然后这个专业学习设计对教学效果的潜在变化能够进行批判性分析、询问、解释并生成专业学习反应。

一旦你在分析中思考了这些反应中所提出的内容和方法,你就可以进一步实践这些相对较新的想法。并且在回顾了每个阶段所需的标题,回顾了对可能提供的前馈评论的分析之后,为什么不借此机会来阐述你可能为这些评论添加的内容呢?

既然你对探究和产生的过程有了新的认识和理解,那么就会批判性回顾和解释专业学习设计,到时候你会提出什么建议来扩展和增强这里所提供的意义建构呢?教师学习者的研究表明,越来越多的人参与到这个批判的学习过程中,有时候也与其他人一起参与这一过程。但无论是从分析者、创建者还是评论者的角度来看,他们对自己的专业发展日益专注与敏感(费曼-尼姆塞尔,2001;奥兰-巴拉克,2007;沙科纳,2008)。如前所述,对那些具有复杂性的变化的自我控制,强化了自己的专业学习。

五、本尼的专业学习故事

以下各章节阐述了专业学习日程表研究过程中的内容、原因、方式以及时间。本尼对专业学习日程表每个阶段的描述和分析都在形式上有所不同,主要是为了帮助你将专业学习日程表的内容与评论者的评论放在同等位置上,并能够对他们形成有效参考。

这部分其实主要从两个角度对各阶段进行了讨论:第一就是对各阶段的评论进行了一些说明,以及重新肯定了专业学习日程表各阶段的专业学习意图和来自专业人士对计划的评论;第二就是预测了导师、同事以及后来拥有好奇心的自己可能会如何回应本尼。回顾这些陈述将有助于你关注专业学习日程表每个阶段的目标。

(一)内容:专业学习设计

该设计具体识别了一些具有挑战性的教学情节中的想法、行为或技能,并视情况需要进行批判性的回顾。如果你对所确定的设计进行了详细的阐述,那就更容易主动地做出回应。这些细节使得随后的探究分析更容易集中管理,然而,这种具体的设计很可能被认为是影响教学过程一般性问题的一个案例,这个过程可以从各种内容和技能领域中获得(上一章中的图4.1说明了这种识别过程)。在大多数

第五章 提高你的专业学习能力

情况下,当你越来越精通这种思维方式时,你的专业学习设计将是一种集体的、具有代表性的教学技能或行为概念,并且可以应用于许多课程的内容领域。专业学习日程表是不受主题和内容限制的,当你在"方式和时间"阶段产生课程和教学反应时,它的特殊性就显得更为适当。因此我们应该创建并组织这些教学反应,以便将其引入到你的课程设计、教学和管理中。

> **小贴士5.3**
> 在自我监控、自我指导和自我调节的专业学习方法的推动下,即使遇到挑战,你的个人反应也可以为你提供一个压力较小的工作环境。

专业学习设计可能会识别出你在实践中所产生的反应,然后你才会觉得所引入的策略、技能或行为是你课程中一个不可或缺的组成部分。例如,如果该设计关注提出问题的有效性,那么相关的专业学习设计可能会将专业学习限制在特定类型的问题上,例如:

- 评估学生群体当前知识水平和理解水平的问题。
- "构建问题以提高学习的认知需求",例如引导学生进行分析、分类、综合、预测、假设和评估的问题。
- 提出问题,为寻求解决问题提供一个自我问询的方法。

这些类型的问题强调了提问技巧的另一方面,并且比专业学习设计仅仅考虑提高提问的质量更有助于你的学习,因为专业学习设计的提问太笼统了,不利于形成有重点的提问顺序,也不利于你在学习活动设计中产生教学反应。

> **小贴士5.4**
> 为了确保我对学生的成就、进步和成果负责,我需要确定我的教学是有效的,且一定能推动学生的学习进步。孩子们理解我在教什么吗?如果我的教学没有效果,那么就去关注相关的设计、教学策略和评估内容,从而调整我的教学。当孩子们没有领会到我想要教的东西的时候,我仍需要保持乐观并积极调整教学以适应实际情况。

作为专业人士或充满好奇心的你会如何回应本尼呢?

即使是对本尼专业学习设计的粗略分析,也可以发现本尼自己所确定的复杂性质。事实上,本尼的专业学习设计包含了许多设计,因此应该分成若干独立重点的设计,这些设计可以为她的专业学习提供指导。例如,对本尼来说,阐明并形成适当的教学对策将有利于以下重点的专业学习。

- 自我问询
- 指导学生获得(课程知识和理解)
- 有效的教学
- 注重有效的准备和设计
- 使教学适应学生的需求
- 对学生缺乏理解做出回应
- 培养积极的教学方法

这些重点都代表重要的专业学习设计,并可提供有价值的专业学习日程表。每个人都需要独立思考,以便可以激发出一系列详细的批判性分析和解释。

本尼提出要追求合适的专业学习设计,但是以这种方式集中呈现这些计划就会对提供清晰的专业学习顺序造成一定的混乱,并且也不利于对下一阶段的理解。所以,应当把专业学习的重点与前后背景的影响联系起来,并将演变后的解释和理解转化为理论和实践成果。当然关于"自我问询"和"教学过程中积极态度"的陈述范围也过于笼统,最好应该从一系列具体的专业学习探究和行动中发展专业态度和价值观。这样当本尼运用更易于管理的专业学习设计开展工作时,他们就可以为本尼的态度意识做出贡献。

如果要成功地去阐明、解释、推理、研究这些阶段的原因和方式,就必须对专业学习设计的表述赋予特殊性。因此对于专业人员来说,在确定计划时,"保持独特和简单"是非常重要的,这样才能对教师的反应进行具体而全面的分析。

(二)原因:为满足这一教学要求提供了重要的理论研究和实践依据

之所以重点关注专业学习设计的具体运用,以及重点关注专业学习背景的理论和实证研究方向,是为了把专业学习设计置于背景和前因的影响中。这样在恰当的情况之下,就能帮助教师学习者提升教学和管理经验。因此在创建一个解释性、理论化和生成性的概念框架时,你需要去深化自我认知和加强自我理解,这样你才可能概念化该设计,并将其引入你不断发展的专业意识反应中。通过这种方式,你可以增强你的专业知识,并对学生的学习能力和需求做出有效的反应。毕竟阐述原因的方法对你和你的学生来说都意义重大,它让你逐步论证了你所认同的密切联系,即"学什么"和"如何教"的理论和实践领域之间的关系,而这些构成了我们在第二章中讨论的代表专业学习的双螺旋模型的实质内容。"学习如何学习"是双螺旋模型的句法链,它的提问、询问、解释和生成过程,都是与你所认为的专业需要发展的领域相关的东西。这可以通过重点分析、自我评估和其他人提供的前馈评论来完成。

第五章　提高你的专业学习能力

确认专业学习设计需要一个细心的教师学习者,且能认识到预期和设计之间存在不匹配的情况,但是教师学习者的确认会随着课程的进展而变得困难。所以当你认识并批判性回顾这些案例时,你将能够清楚地阐明专业学习日程表和相关教师目标,这也会指导你继续进行专业学习设计。本尼的回顾就试图对这种意识做出重点回应,虽然还未对理论进行充分思考与理解。但正是这些见解聚合在一起,才能形成这种复合图像,使你能够确认学生学习困难的一般原因,并在随后的设计和教学中去解决它们。

在第七章的准备与设计中将更为详细地解释这种教学意图,因此我们在这里只提供一个简要的概述。目前,在课程设计过程中,通常需要确定学习目标或宗旨,以指导创建相关的学习活动来帮助学生达到这个特定的课程目标。而实现学习目标就应该制订成功的标准,因此我们建议,构建"学习目标"时,包含学生参与活动所获得的成功指标或标准。当然一个学习活动的设计过程也需要包括教师的目标,它需要明确地展现教师想要实践的技能,以便在特定活动的教学过程中专注于教师的专业学习。这个教师目标将成为对所进行的教学过程进行批判性分析和评估的第一个重点,并且专业学习设计应该是教师目标的本质与基础,为专业学习日程表的批判性回顾和后续设计的实施过程提供联系。在专业学习的过程中,如果想要让专业学习更有利于你的专业发展,那么建立专业学习方法、专业学习日程表以及教学设计之间的联系就十分有必要,因为最初在第二章的双螺旋模型的阐述中,我们首先认识到了学习"如何教学"这种综合性,并在本章和下一章中还会对教师学习者的整个专业学习日程表不断地进行研讨。

> **小贴士 5.5**
> 在本周的计算活动期间,我通过观察小组工作发现,孩子们似乎没有掌握硬币价值的概念,所以他们计算的是硬币的数量而不是加起来的数值。我花了一段时间才意识到孩子们没有信心做两个数的计算,同时我发现很难在同一时间对所有孩子进行教学。

作为一个专业人士或充满好奇心的你会如何回应本尼呢?

在这里,本尼基本上对专业学习日程表的内容进行了扩展性的说明。她详细介绍了数学学习活动中的一个细节,就是要重点关注数字在计算货币交易中的应用。但是在这个分析原因的阶段,关注的重点应该是论证和确认实施该设计的原因,并回顾设计所伴随而来的一些理论和实践的影响。这才是教师学习者为她的分析和说明提供专业理论与专业解释的重点。

本尼在这里提供的说明和分析可能更适合于探究的其他阶段,因为我们需要对相关的专业学习设计进行分析,而不是扩大对内容的描述。很明显本尼在回顾分析"内容"这个阶段的问题时更多涉及的是"调整教学去满足学生的需求",这或许是本尼更为关注的一个难题。因此当本尼在寻找所关注的实际设计时,就需要去观察"内容"和"原因"阶段所确定的描述性评论。因为这时候她并没有理解专业学习日程表引言阶段的目的,包括内容、原因以及研究方法的目的。其实本尼专业学习设计的目的似乎更像是努力去开发、管理一个有效的学习活动设计。而一系列学习活动又创造了知识和理解,所以这也意味着她需要知道在什么时候以及如何应对学生不断变化的需求,如前所述,在专业学习设计的分析和生成阶段,为了让你有一个明确的重点,我们需要不断厘清专业学习设计的真正重点。即应该设计具体明确的目标和作用,以便为专业学习日程表的下一个原因和方式提供方向和范围上的指导,并在一系列课程内容领域创建探索性的计划反应。如果一旦确定了更明确的设计,本尼就需要从理论或实践角度为设计寻找合适的佐证,所以这个阶段需要证明的是,本尼对相关理论研究的理解是否有助于她进一步分析并阐述教学和课程内容的反应。在理论和实践领域中,专业学习日程表的专业学习价值是非常重要的,这能够对他们的设计和教学角色做出重要的分析和改变。

在本尼所描述的教学活动中,"区分硬币价值"作为主题内容以拓展学生的数字概念。这将是设计顺序中早些时候引入的基本数字的扩展活动,例如数字知识的发展、计算两位数,都将是这些学习者活动的先决条件。在学习者能将这种算术技能转移到其他应用之前,他们必须有信心以不同的方式进行计数,例如计算硬币的价值。专业人士或充满好奇心的你可能会促使本尼思考如何将数字准备引入到数学内容的范围和顺序中,以便为这些强化的数字学习活动做好准备,那么,对于本尼的一些前瞻性设计和构想,你会有什么建议呢?

除了这里描述的具体数学概念,这种对教学过程有细微差别的认识发展也可以运用到课程主题领域的各种活动设计中。有了这个重点,教师学习者就可以识别出学生的需求和学习困难的地方,并创建一个设计的公式,当然在其结构和运用中一定要灵活。这种认识将使教师学习者知道在设计阶段中如何考虑内容的顺序,所以当专业学习设计可以以这种管理方式呈现时,那么就可以更明确地探索产生课程和教学反应的原因,然后克服设计过程中的任何不足或错误的导向,当然在第七章中将更详细地探讨这些问题。

活动的生成阶段为参与者提供了不同课程内容领域和各种学习活动中考虑专业学习日程表的机会。在课程设计过程中,学习目标的陈述为学生群体可能使用的学习活动以及内容的选择和生成都提供了指导。教师学习者还将认识到,将专业学习设计重新构建为教师目标,将有助于为教学过程带来变化,并为课程的批判性自我评估提供初步及相关的重点。教师目标还为课程设计过程提供了一个明确的方向,即教师学习者要介绍设计的内容和方式,以及介绍他们应该如何评估此干预措施对教学的有效性。

(三)方式和时间

在学习计划中,如何将潜在的过程、内容和策略的细节作为专业学习日程表的创造性反应,而"时间"则说明了:这些行为何时进行培养。

这一阶段涉及创造性产生的顺序或一系列的学习经验,这些都是作为对已确定的专业学习设计的回应。这一阶段展示了教师学习者在设计、教学、管理和评估方面寻求个人专业知识发展的方法。从广义上讲,批判性探究方式的这一阶段对设计进行了本质上的指导,而关于教学活动的范围及顺序的细节更适合出现在相关设计内容中,因此在此就不做详述。但是具体的学习目标、主题内容、适当的教学策略、相关的资源和评估程序将在中期和课程计划文件中详细说明。

> **小贴士5.6**
> 专注于开发有效课程所需的先决条件,就是要在引言或课后评估中检验此回应。
> 在一学期的自我评估结束后,我需要分析下一课的设计,看看我需要如何调整它,以填补所确定的儿童学习方面的所有空白。
> 如果我认为孩子们没有掌握我所教的内容,那么我应该与指导教师讨论他们的学习情况,让指导教师就如何继续学习或如何调整我的教学提出建议。除了这些讨论之外,我还需要了解特定主题的概念排序,了解如何让学习者能够理解并且能按顺序排列概念。
> 我需要将学习与学习者的知识和理解水平"匹配",以便能够保持学习的顺序。
> 在我的教学过程中,更重要的是将其纳入评估策略,使我可以继续识别和分析儿童的学习情况,而不仅仅是在学习活动的开始和结束阶段。
> 在本周的数学课上,我需要集中精力于测量,这就需要在学校待一段时间。

作为专业人士或充满好奇心的你如何回应本尼呢?

本尼的第一个观点确定了相关设计的先决条件,它是有效的并且有反应的。它虽然没有说明这些可能意味着什么,以及如何将这些重点付诸行动。但是本尼提出这些可能会出现在引言或课后评估中,它不会涉及专业学习分析的方式和时间,但会涉及专业学习分析的原因。因此,设计过程的先决条件更适合出现在相关设计的内容中,在此我就不做详述。如果这些先决条件是为了制订有效的设计,那就需要在调查中详细说明如何创造学习活动的内容和策略。有效设计的这些特征为这些学习者的学习活动的排序提供了目的性、相关性、全面性和反应性的框架。专业学习日程表的主要目的是为了阐明本尼研究以及修改的教师策略,以便有效地适应她为特定学生开发的特定学习设计。随后本尼制定的教学设计的主题内容将融入教学策略的顺序和结构中,然后可用于指导其他学科领域的内容。

本尼的第二个观点即关于自我评估方法以及如何使用这些方法可能会更适合于用在"进展评估和再生"的阶段。在介绍并评估了本尼教学反应的效果后,又分析了本尼对初始专业学习日程表的关注情况。然后,这些讨论可以预测该设计在其他内容背景中的可操作性,并可能与其他教学策略一起应用。

本尼的第三个观点集中于她对学生如何获得课程内容缺乏信心的问题,因此当她回顾进度并重新生成学习活动时,才更适合作为该阶段的一部分进行探索。本尼的这种困惑似乎与她对更好地理解课程内容的范围和顺序有关,同时还与这种认识的自信程度有关。课程内容的范围和顺序又是课程理解的重要组成部分,如果考虑到后续关于内容排序与学生知识和理解的发展水平相匹配的问题,可以将其发展成专业学习设计。在重新讨论"进度和更新"问题后,可以确定更好的专业学习设计。第七章将考察"范围和顺序"的概念,因为它涉及课程内容、思考技能和学术技能,并且在内容和方式阶段也做了参考,所以这些可以作为向本尼提供专业协助的来源。这种探究和支持可能会在以后的自我评估方法中出现,到时候就可以更仔细地探讨为什么这些探究和支持对她的专业学习具有重要意义和相关性。

> **小贴士5.7**
> 在专业学习日程表中进行批判性评估的计划成了"教师目标",并能够在随后的学习活动中指导你的专业教学过程。

(四)回顾和更新进展:最新情况

你对实施情况的初始反应,以及你对该设计进一步的专业学习建议及其教学反应,本文都进行了总结。你可能表明要对初始反应进行改变,或者采用并实施新的方法,直到你对你的教学内容感到满意并且已经实现了"执行力"为止,这个评估和再生的循环才能够继续下去。

在这个阶段建立了形成性评估方法模式,当然评估的重点是在批判性分析和解释之间、专业学习试探性和演变性之间建立一个信息以及前馈联系。在将教学反应初步引入设计或教学活动后,一些教师发现使用颜色代码来确认何时引入他们的"再生"反应是有用的。这在预测未来专业学习设计的进一步发展时可能也会有所帮助。且该程序可以清楚地确定何时将不同的反应引入计划序列,然后进行持续评估和回顾。由于教学行为或技能可能需要许多"实践"来实现对其应用程序的"执行力",因此使用颜色编码可以使你轻松地接触到有效实施行为或技能的创意线索。这也突出了专业学习设计的分析、解释在完成初步评估后尚未完成。所以你的评估结果为教师目标提供了指导,使其重新生成并重新引入到未来的设计和教学阶段。这时,你可以将这种教学反应转化为以后的准备和设计。

以这种方式参与的专业学习可以看作一个从未完成的活动,当然我们鼓励并打算继续发展和挑战这种活动。这种加强意识会让你在控制能力方面处于一种舒适的信心框架。因此,要耐心地接受这一策略可以给你带来的好处,包括挑战和增强你作为一名好奇且反应迅速的教师的发展潜力,这种策略将持续不断地重复循环,它会将更新的设计和创造性反应转化到他们的专业知识中。

> **小贴士5.8**
>
> 在本周的计算课程期间,形成性评估方法、设计和教学都取得了进展。我在评估会后制定了计划,以便根据学员获得的知识创建他们的计划。这将是一个持续的过程,确保我始终对学生的成就、进步和成果负责。

作为一个专业人士或充满好奇心的你会如何回应本尼呢?

当你在这个阶段讨论你不断发展的专业知识时,你需要确定具体已经取得进展的哪些地方是可以进一步加强的。制定设计指导是作为对这种形成性评估方法的直接反应,既表明了专业学习设计如何与"学生的当前理解水平"相联系,也是可以从本尼的案例中提炼出的专业学习日程表。因此当你认识到专业学习方法正在实施时,你应该清楚地认识到,你可能在其他内容领域进一步使用针对该设计的教学对策。虽然该设计与先决条件之间的联系,以及对潜在困难的重点关注,强调了这样一种观念,即对专业学习设计的探究在这一阶段并没有完成,而是在不断循环向前以细化类似的后续设计,但是专业学习日程表将引导你产生更多有计划的学习体验,从而巩固你教学过程中的技能或行为。尽管这些批判性分析和解释是以表格的形式呈现,但作为一名自我问询式的教师,你肯定需要将你的职业行为持续概念化,因此需要改变专业学习设计的形式及其相关的教学和学习投入。从而进入一个向前循环的过程中,在这个过程中,你需要对所关注的专业问题有更成熟和更复杂的理解,并在学习教学内容和教学方式的实质性方向上取得进展。

(五)与外部标准对接

在英格兰专业教师标准中,标准二提到了"促进良好进步——学生成就、进步和结果"的一般标准。这个总体标准的一小部分认为,教师应该"知道学生的能力和他们以前的知识,并设计教学来构建这些知识",后者更具体地指出了本尼专业学习日程表设计中所出现的内容。在这个阶段中,参考任何标准都应该是在职教师群体的愿望,在有关教师能力的外部标准中提供的标准具有普遍性。

在努力展示你的批判性分析与这些外部标准的相关性时,你可能会试图添加一长串标准,这些标准可能与你所确定的设计有一些遥不可及的联系。在识别这样一系列对标准的反应时,会让人变得困惑,并且根本对你没有帮助。所以我们的目标是明确最符合你所关注的专业学习设计的标准,并将其设定为教师的目标。为每项设计确定一个教师目标也很重要,这可以指导你当前的专业学习和自我评估,这种专一性可以成功地完成你的评估。

你选择的专业学习设计必须与你发展教师意识方面的特定问题直接相关。且该设计应该侧重于你对学习内容、学习过程、教学技能和教学策略的个人理解,毕竟设计是嵌入在课程中的,你需要根据实际情况进行调整以满足学生在特定学习阶段的学习需求和能力。因此,本尼认为需要将她的教学设计与当前对特定内容领域的理解进行"匹配"。

确定一项最能专注于专业学习的设计取决于你对所观察到的教学和学习事件(背景)的评估。该设计要求对专业发展的回顾可以来自你或专业人士。正如在前面的讨论中所强调的那样,孤立的专业学习设计可能是一种不足的教学技能,但重要的是它为学习者以及你自己提供了好的策略或技能。制订专业学习日程表的起因正是看到了你作为一名自我问询型教师的努力,虽然这与遵守外部标准也有关,但并不是由它所推动的。因此你对专业学习的控制直接关系到你不断发展的专业知识,并且通过对你的行动进行批判性评估还可以满足学生的需求、课程目标和正在发展的教学行为和技能。

在专业学习日程表与外部标准连接的阶段应该包括对标准或标准中的专业属性、知识、技能以及价值进行准确地陈述,而不仅仅是对所有数字代码进行陈述。虽然对于你来说,标准中的实际词语将增强你所认为的关于教师特征的意义,如果能够总结出实际标准的简要说明也会很有帮助——例如,本尼可以写出她"通过有效的监督和评估来思考学生的成就、进步和结果"。使用这一官方语言将使你能够继续与导师和其他同事讨论你的专业发展计划。

第五章 提高你的专业学习能力

本章小结

通过有效地运用科学教育语言，将自己对专业学习设计的实际理解与相关学术阅读和参与校本教师教育课程的理论证据联系起来，并不断地寻求和引用这些联系，这样本尼的批判性分析就可以得到加强，在教育实践和有效的教学理论化研究中，显然是以证据为基础的。这就表明你应该理解这些研究并用于证明你参与的复杂教学过程。由于你计划让学生与准备好的学习设计进行积极互动，因此在讨论你的专业学习设计、教学和评估时，应该包括你专业领域内相关的重要知识。

所以，让我们花点时间来回顾一下本尼早期的专业学习日程表在专业教学课程中应用的案例。通过这一案例我们发现专业学习日程表和相关的形式不是为了去响应外部标准。相反，他们清楚地阐述了教师学习者在课堂环境中扮演"设计者和实施者"以及"自我问询型学习者"这一双重身份的关键性证据。专业学习日程表不断追求卓越，以应对学习环境变化莫测的挑战，它为学生创造了相关的教学反应，并为教学专业人员提供了广泛的、丰富的和有益的回报。

第六章 通过反思和解释优化专业学习

学习目标

阅读完本章,你将了解到以下内容:
- 关于专业学习日程表中内容、原因以及各个阶段的运作流程及其调查情况。
- 用于分析、理论化专业学习日程表和预测潜在反应的评估原则和解释流程。
- 对教师学习者的专业学习日程表的情况分析及创新性应用。

一、引言

第五章对于本尼的专业学习过程进行了详细的解释性分析,并通过参与规划专业学习日程表回顾了潜在学习[1]。在本尼的专业学习过程中,值得借鉴的一点在于再三强调了对"内容"进行准确描述的重要性。因为只有对"内容"进行了准确地描述,才能确定用于指导专业学习审查过程的专业学习设计。因此如果你做出的批判性思考、解释和补充能为你提供专业性帮助的话,那么"内容"部分即是你专业学习的重点。

在本章的后半部分,你会在专业学习日程表的框架(详见表6.1)内对阿伊莎的专业学习案例进行学习应用,在此过程中你将再次认识到对"内容"进行准确描述的重要性,从而深入理解这一专业学习策略。但是,在对教师学习者——阿伊莎的专业学习日程表进行批判性思考之前,我们先要研究学习其他教师是如何分析教

---

[1] 潜在学习,指学习不表露在行为上面。学习在低等的驱动力之下进行,学习者对此并未激发任何动机,也未曾做出一种反应。但当增强物一旦出现,学习者就能运用已学到的东西,有强化的条件下,学习也能发生,这种已经发生却没有从行为中展示出来的学习,称为潜在学习。

第六章 通过反思和解释优化专业学习

学过程,以及如何演绎归纳出专业学习过程中的重要起点——专业学习设计的。对于专业学习设计(也就是"内容")进行精准表达,可以为你生成有意义且具有适用性的专业学习重点。而对于重点的精准表述则可以为你指引前进的方向,推动你的专业知识与专业能力得到持续发展和提升。

现在,我们会研究一系列具有可行性的专业学习设计,其中还包括对于专业学习设计的分析性评论。当阅读到这些讨论时,请留意那些你也有可能会向教师学习者提出的建议,这些建议在很大程度上能够帮助你深入理解专业学习日程表。请记住,在大多数情况下并不存在所谓的"最好"的建议,因此你应该重点关注隐藏于真实反应之下的有关知识、理解与目标之间所存在的错综复杂的关系。而由你的好奇心内驱力[1]所提出的建议是建立在你的专业学习经验之上的,这些学习经验会在知识构建、评论分析以及生成反应的过程中,不断由你进行批判性思考。如此看来,专业学习过程其实就是不断尝试解决由教学特殊属性所产生的矛盾的过程,你的专业意识和能力也在"尝试—错误—再尝试"的过程中得以提升,直至找到解决问题的最佳方式。因此在对各种专业学习设计进行衡量之后,你可以引入一个专业学习设计对教学中的矛盾或问题进行尝试性解决。在分析完专业学习设计之后,本文还会对"原因"部分的内容进行简要评论,以回顾其他教师学习者如何进行分析推理,为自己的专业学习设计寻找理论基础与实践依据,并对执行专业学习设计后的潜在反应进行预判。

在对阿伊莎的专业学习日程表进行反思和解释之后,本文会对"内容"以及"原因"做进一步讨论,从而探索教师专业意识发展初始阶段"内容"与"原因"之间所存在的共生关系。由于本章所提供的案例会对专业学习日程表中各个阶段的联系进行阐述,因此可以为你的专业学习提供方向和指导。对于深度涵盖了专业学习目标的专业学习设计,你可以设想一下,在当前阶段你会在什么时候、产生什么样的反应。请务必牢记在这个阶段所产生的一系列真实反应,你可以针对这些反应尝试不同的解决策略,从而为你的学生寻找到一个"最适合"的方法。根据学生当下情况所采用的策略可能并不具备广泛的适用性,因此,建立一个相关反应生成体系或许对你的专业学习更有帮助。在尝试不同策略的过程中,你的教学选择能力也会得到进一步提高,这有助于你做出更高效的反应行为(舍恩,1991)。

---

[1] 好奇心内驱力是指有机体生来就有的探索新异环境和操纵新奇客体的需要,其生理基础尚不清楚。在将行为的激起基本上按满足生理内驱力或生理需要来解释的同时,哈洛和巴特勒提供的证据表明,纯粹出于视觉和触觉的愉快感也能激起有机体的活动。巴特勒的实验是,教会猴子打开密封笼子的窗户,仅给0.2秒的时间窥视笼外一电动玩具或另一只猴子而无别的奖励,猴子的行为可连续20天不消退。

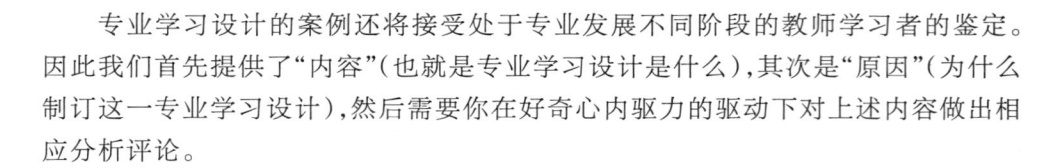

专业学习设计的案例还将接受处于专业发展不同阶段的教师学习者的鉴定。因此我们首先提供了"内容"(也就是专业学习设计是什么),其次是"原因"(为什么制订这一专业学习设计),然后需要你在好奇心内驱力的驱动下对上述内容做出相应分析评论。

二、对于"内容"及"原因"的相关探讨

(一)"内容"案例及其相关讨论

在你提出建议之前,一起来回顾一下其他教师学习者的反馈评论。

1. 培养并提高学生发现问题、思考问题的能力。

评论:对于教学行为的描述可以为学生提供发现问题、思考问题的机会,从而提高交互式学习的质量,而这种学习方式也会在之后的教学过程不断得以完善。为了在专业学习过程中拥有更明确的方向,你必须对于该计划的原因与目的做到了然于胸,才能不断提高学习环境中师生对话、生生对话的质量。在这一阶段教学的具体任务在于鼓励学生提出问题,促进他们的认知水平向更高阶段发展,并在限制教师发言次数的同时,鼓励学生对主题问题进行开放性讨论,从而吸引所有的学生都参与到教学过程中。关于该计划实施的时间和方式,可以在正式教学之前进行明确说明——为学生分配不同的角色(比如一个学生充当谈话者的角色,另一个学生充当倾听者或提问者的角色),组成交流小组进行学习互动,从而推动教学活动由互相交流阶段发展到互相参与学习阶段。

2. 引入更加自然流畅且不易干扰的课堂教学过渡。

评论:在教学过程中,教学行为的好与坏对学生的学习行为也会产生很大影响,因此教师如何进行教学过渡也是左右学习效果的一个重要因素。在课堂上,随着教学的逐步推进,教学过渡可以为学生提供新旧知识的联系和结合,以便学生能清楚捕捉到本堂课的学习重点,从而保持积极的学习状态。同时,教学过渡适用性强,灵活性高,可以根据学生们的真实反应进行有针对性的反馈,从而营造出支持性学习环境氛围,为引入此类教学策略创造前提条件。最后,教学过渡还可以帮助你了解学生的学习情况,并对学习上有困难的学生进行及时的指导,实现对课堂教学时间的高效利用。

3. 有效聘用助教以保证和增加学生的学习机会。

评论:鉴于教室中助教人数不断增加的情况,专业学习设计需要根据现有情况进行调整,从而为教学中可能出现的各种状况提供相应解决措施。而在专业学习

设计的实施过程中,必须对助教进行分工安排并进行具体指导,由此你的专业水平也能得以提升。同时,为了提高学习质量,助教务必要明确对学生学习进行干预的具体时间以及干预行为的具体性质,同时助教若想全盘掌握学生们的学习过程,还必须具备周全的教学管理意识,这一切都取决于助教对于自身角色的定位和认知,以及对教学计划的理解程度。

4.人们认为有必要为教师学习者提供一定的思考时间,培养他们对于学生潜在反应的预判能力,从而提升他们的提问水平。因此教师学习者必须提前对大多数学生在理解上有困难的地方进行预判,并且对如何进行有效回应做好充分准备。

评论:我们已经建立起一个与提问模式的基本构成要素相关的教学情境。显而易见的是,教师学习者也预先意识到,教师需要在抛出问题后在学生可能会给出的答案上做出一个预判。这是一种与学生学习有关的意识,它或许使你做出不太恰当的教学选择,却能使教学得以顺利地开展下去,因此你应该在做教学计划时加入对这一阶段内容的回顾(详见第七章)。同时,教师学习者需要认识到这些学生可能给出的答案对教学是具有一定指导作用的,比如说,学生在课堂上给出了一些完全不相关的答案,这就代表教师学习者所制定的教学计划与学生消化吸收新知识的方式是不匹配的,因此并不适用于这堂课。所以如果在教学计划阶段,教师提前对学习者可能给出的答案进行了全面的预估,那么就可以对教学计划的范围和顺序进行相应的调整,从而让教学更加贴合学生的实际情况。

5.实施策略是为了增加学生在教学中的参与度,这将确保大多数学习者都积极地参与到学习过程当中,而不是坐在那里被动地接受知识。

评论:你如何分析这项设计?在好奇心内驱力的驱动下,你会对此项设计作何评论?这些案例以及相应的评论都强调在对教学技巧或教学行为进行描述时应该做到清楚明确。而这些案例的评论都认为精准的描述能够提高教师学习者的推理能力和理论水平,并且还能激发你在专业学习过程中的潜力。它遵循了"KISS"[①]原则里的"保持简单"和"保持独立"。专业学习过程的这一部分是为了让你的专业学习更有意义和支持性。

(二)"原因"案例及其相关讨论

本节所提供的案例表明教师学习者会在理论化过程中不断寻求自我发展,并

---

① KISS 是英文"Keep It Simple and Stupid"首字母的缩写,意思是"保持简单和愚蠢"。简单地理解这句话,就是要把一个产品做得连白痴都会用,因而也被称为"懒人原则"。换句话说来,"简单就是美"。

且在现有理论成果中为自己拟定的专业学习设计寻求坚实有力的理论基础与实践依据——也就是"原因"。教师学习者不仅可以根据"内容"推测其"原因",也可以通过对其进行逆向思考,也就是反过来根据"原因"思考其"内容",也就是这个"原因"所对应的专业学习设计可能是什么。"内容""原因"本质上与推理、解释、理论化过程有关,因此在以后的教学过程中,可以把专业学习的关注重点放在实施专业学习设计后可能产生的反应上。这些案例没有任何评论,你需要亲自分析"内容"与"原因"之间的内在关联。

1.助教被安排在教室里是为了支持教学计划,所以他们必须非常清楚教学目标和教学计划,以及支持教学的具体方法。这对于那些正在遭遇学习困难或者期望有更多学习机会的同学来说是至关重要的。更重要的是,助教要具有团队精神,要把自己看作是教学团队中的重要成员和贡献者,准确把握教学知识,了解教学范围、教学顺序以及自身所承担的教学任务。同时,我还需要保证助教人数足以兼顾到每一个学生。助教的工作涉及一系列专业任务,例如课程的进度、课程的指导和学习技巧的拓展、相关资源的引进和提供;同时他们还要能够评估学生在之后的学习过程中可能产生的学习困难或是取得的学习进步。

你推测一下这项专业学习设计背后的原因可能是什么?你能否根据原因确定所对应的专业学习设计内容是什么?

2.如果我一直站在教室的前面,那么教室后面的同学就容易分心搞一些小动作。因此,我必须在教学过程中不断走动从而集中他们的注意力。同时,我也会采取一些方式处理学生们的分心行为,例如拍拍学生肩膀或者桌子,或是简单地站在学生旁边,而不是中断教学,并在全班学生面前斥责某个学生的分心行为。

你推测一下这项专业学习设计背后的原因可能是什么?你能否根据原因确定所对应的专业学习设计内容是什么?

3.我需要加强对学习目标的认识,并记录下学生和这些目标有关的进展情况。这些评估记录有助于我确定教学计划、教学范围、教学顺序以及教学是否有效。同时,这个记录更有助于发觉那些容易被忽视的错误,有利于我进一步完善教学计划。为了确保所记录数据的准确性,我会在课上和课后重点关注四五名学生的情况。这些数据将被记录在一个核对表中,用来确定预期学习目标和目标评价标准的达成情况。

你推测一下这项专业学习设计背后的原因可能是什么?你能否根据原因确定所对应的专业学习设计内容是什么?

4.在我的数学课上,大多数学生都在全神贯注地听讲,然而当某个同学起来回答问题的时候,其他学生的态度却很消极,这意味着其他学生很快就会感到厌烦,进而对课堂失去兴趣。同时,对于起来回答问题的同学的关注也会阻碍我对全班学生学习情况的认知。从长远的角度来看,这可能会影响到学生对于自身作为数学学习者的身份认同,甚至可能导致学习动机的缺乏。

> **小贴士 6.1**
> 专业学习日程表的重点在于探索其"内容"和"原因",并且需要你在好奇心内驱力的驱动下对上述内容做出相应分析评论。

三、阿伊莎的专业学习故事

在本案例中,阿伊莎对自己在复杂教学环境中的行为和互动进行了反思,并不断深化对于教师学习者身份的角色认知。目前,阿伊莎已经处于专业学习的成熟阶段,已经具备了从好奇心内驱力出发进行批判性思考所要求的专业指导素养,并且可以站在其他专业人士的立场上对专业发展活动进行前瞻性评论。但是,在分析阿伊莎的案例之前,让我们简要回顾一下之前所学习的内容。

在学习前一章本尼的专业学习日程表时,所有评论都从两个角度展开。首先,根据本尼批判性思考所提供的信息对专业学习日程表中某一阶段的目的进行分析评论;其次,针对专业学习日程表各个阶段之间的联系进行更为具体的分析评论,从而进一步拓展本尼的专业学习日程表。但是在分析阿伊莎的案例时却有另一个需要特别注意的点:从专业人士或者你的自身好奇心内驱力出发进行评论。

你可以通过对专业学习设计的潜在回应进行批判性思考,回顾其他教师学习者的专业学习过程,包括他们是怎样分析教学过程中所存在的问题以及如何去解决这些问题。专业学习设计每个部分所附带的评论并不是可以随拿随用的"万能钥匙",或许对你来说还有其他更好的解决办法。因此,在阅读本章内容时,可以思考一下从好奇心内驱力出发你会如何阐明你的观点。

在你进行批判性思考之后,可以去尝试更多可能性,直到找到最符合自身情况的"最佳匹配"反应。然而正如之前所讨论的那样,在你生成并实施专业反应时,由于各种不可控因素,可能得到的反馈都不太好,这些情况都是很正常的,因此你不必为此焦虑沮丧。因为在"尝试—错误—再尝试"循环往复的过程中,你对教学环境中各个因素的考虑会逐步完善,对于复杂教学环境的控制能力也会逐步增强。

> **小贴士**6.2
>
> 在教学背景环境下对专业学习设计进行分析可能会产生矛盾的情况,但是分析矛盾、解决矛盾这一系列行为有助于你进行批判性思考,生成积极的专业学习成果。

表6.1 阿伊莎的专业学习日程表

姓名:阿伊莎

日期	专业学习设计内容	原因	方式和时间	过程回顾和更新	外部参考标准
	确定需要重点关注的教学技能或教学行为。要具体考虑影响专业学习设计的前提条件和背景环境。	探索专业学习设计对于你自身的专业学习以及学生学习能够起到的积极作用;在现有理论成果中,为专业学习设计寻找坚实有力的理论依据。	方式: 教学计划要对专业学习设计的方式与过程进行详尽介绍。(预估学生可能产生的各种反应,做好应对准备,以保证专业学习设计的顺利实施) 时间: 什么时候执行?	观察评估你对于专业学习设计的反馈,并根据实际情况进行调整。 制订最适合引进新策略的教学计划并确定专业学习设计实施的具体时间。 对于专业学习设计的实施过程进行全程监控,并根据需要调整教学计划。	例如: 教师的标准。 确定最适合这个计划的评价标准,且最好只参考一个标准。
	在教学过程中,课堂行为管理需要做到更加自然流畅且更不易干扰,包括将分心学生的注意力重新吸引回课堂。 要考虑学生上课分心或问题行为背后的真实原因,并在课上或课后做出及时反应。	目前,在教学中,我会不时对所期望的良好行为进行积极强化,学生们也很受用,因此取得了不错的教学效果。然而,我却经常为了提醒个别学生认真听讲中断教学,所以我希望可以在提醒分心学生的同时不干扰教学的正常开展。	使用不需要发出声音的课堂行为管理方式,例如敲敲学生的课桌;提前预估学生的分心行为并作出相应准备;在教室里不断走动吸引学生注意力,让所有孩子意识到教师的存在;与学生进行眼神交流或运用面部表情(例如:扬起眉毛)来提醒他们。	这是贯穿本学期及下学期的专业学习重点,在我目前的语音小组中,学生的分心行为更为棘手,所以我必须找到更合适的行为管理方法。需要对小组成员进行更严格的管理:剥夺一分钟的休息时间等。但也要考虑一下这些在课程中是否必不可少?它们能否起到作用?	使用满足学生个体需要的方法。

第六章 通过反思和解释优化专业学习

续表

日期	专业学习设计内容	原因	方式和时间	过程回顾和更新	外部参考标准
	在教学过程中,课堂行为管理需要做到更加自然流畅且更不易干扰,包括将分心学生的注意力重新吸引回课堂。 要考虑学生上课分心或问题行为背后的真实原因,并在课上或课后做出及时反应。	首要关注的应该是学生的学习而不是学生的分心行为,然而现实情况是我直接在课堂上呵斥孩子上课不专心,责备学生影响到了正常秩序,因此我有必要调整教学计划。考虑学生上课分心的原因是:学习任务的难度不合适(太简单或者太困难);他们觉得上课很无聊;我的教学没有效果;在学习生活或家庭生活中出现了其他问题? 是不是应该在教学计划以及教学实施过程中考虑一下学生的注意力问题?考虑上述问题会帮助我改进课堂行为管理方法,真正做到以学生为本,满足学生个体需求。同时也有助于我对教学计划以及教学策略进行相应调整。	我打算在下周及以后的教学工作中使用这些策略。我仔细观察其他老师如何进行行为管理并与他们交流心得体会。 扫视全班(尽可能确定好自己的位置),以确保学生专注于学习之中。 在课堂上观察所有的孩子:他们从什么时候开始不专注于学习?在这个时候,他们被安排做什么?是极个别学生还是许多学生都共有的情况? 他们都是在同一时间节点开始分心还是其他时间也存在同样的状况?学生在其他教师的课上表现如何?他们不专心学习的时候在做什么呢?在课上课后思考这些问题有助于了解孩子上课分心的背后原因,从而指导我做出有效回应。如果上课分心的学生经常	在数学教学中,我认为我的课堂管理或者教学计划应该做到更加自然流畅且不易干扰。需要确定计划中的教学过渡方式:举手、数数(数123)等。由此确保学生已经开始专心听讲了。 改进课堂教学过渡方式后收到的积极反馈如下: 我越来越擅长于中断学生的分心行为,重新吸引住孩子们的注意力。 考虑使用下列方式来吸引学生的注意力:举手(目前正在使用的方法,有个弊端就是背对你的学生无法看到这个信号),因此可以采用摇铃、数数以及拍掌等方法。	让学生参与其中并激励他们。

续表

日期	专业学习设计内容	原因	方式和时间	过程回顾和更新	外部参考标准
			是某几个人,那么就可以和其他老师交流一下行为管理的经验,找到有效的解决办法。 时间: 直到学校实习工作的结束(持续到下个学期末)。 尤其是在正常上课时,单独去提醒个别学生,会对教学秩序产生更大的负面影响。	在教学中,我试着评估每个学生的参与程度,并为每个人制定适合的行为管理方法,例如,对于语音小组的某些学生,需要不断地向其强调教师对他的期望,并且还要对他们实行公平一致的严格管理。	

(一)专业学习日程表:内容

在教学过程中,课堂行为管理需要做到更加自然流畅且更不易干扰,包括将分心学生的注意力重新吸引回课堂。要考虑学生上课分心或问题行为背后的真实原因,并在课上或课后做出及时反应。

设问与点评:

从专业人士或好奇心内驱力出发,你会如何回应阿伊莎?

阿伊莎确定了以下与其专业学习有关的表述:使用更加自然流畅且不易干扰的课堂行为管理方法;思考学生分心或者不按预期表现的原因;将分心学生的注意力重新吸引回课堂;课上和课后的回应方式。在这里"最适合"的专业学习设计指的是"更加自然流畅且更不易干扰"的课堂行为管理方法。因此,阿伊莎以及其他教师学习者可以根据这些关键词对专业学习设计进行批判性思考或解释,并在后续教学过程中针对所存在的问题生成相应回应,使课堂行为管理做到"更加自然流畅且更不易干扰"。同时,除了第一条之外的其他表述也可以作为"更加自然流畅且更不易干扰"的课堂行为管理方法的补充说明。因此,"更加自然流畅且更不易干扰"成为进行批判性思考时所参考的唯一标准。

为了给予专业学习设计坚实有力的行为管理的相关理论与实践支持,需要对分心行为背后的原因进行探究调查,因此与此相关的表述更适合放在"原因"部分。同时作为"原因"审查的新重点,在探究行为发生原因的时候,必须考虑到行为发生的背景环境和前因条件。此外,"将分心学生的注意力重新吸引回课堂"以及"课上和课后的回应方式"则更适合放在"方式和时间"的部分。

这再次提醒我们,在专业学习过程中必须明确与专业学习设计有关的"内容""原因""方式"和"时间"的具体要求。在进入下一个阶段学习前,你需要充分理解并详细说明专业学习日程表中的每一个探究重点,还需要对每个阶段的相应目的进行重点考虑。如果专业学习探究过程需要对各个阶段的任务内容进行区分,那仅仅对专业学习日程表的一级标题进行描述就无法为专业学习日程表提供明确的指导(尽管它是必要的)。

因此,我们必须对这一专业学习设计的重点——"更加自然流畅且更不易干扰"的课堂行为管理方法进行进一步准确描述,以指导阿伊莎的专业学习过程。显而易见的是,当阿伊莎中断教学来吸引分心学生的注意力时,她的行为已经变成了教学的某种障碍,影响到了其他学生的正常学习。因此,从课堂事件中提取出具体的专业学习设计,这需要对"内容"部分进行批判性思考。尽管第五章已经反复提到过这个观点,但在这里仍然需要再次重申准确阐述"内容"的重要性,为了让批判性思考更加全面具体,你在制定专业学习日程表时必须保证其重点的唯一性和突出性。

(二)专业学习日程表:原因

在目前的教学中,我会偶尔对所期望的良好行为进行积极强化,学生们也很受用,因此取得了不错的教学效果。然而,我却经常为了提醒个别学生认真听讲中断教学,所以我希望可以在提醒分心学生的同时不干扰教学的正常开展。

首要关注的应该是学生的学习而不是学生的分心行为,然而现实情况是我直接在课堂上呵斥孩子上课不专心,责备学生影响到了正常秩序,因此我有必要调整教学计划。

考虑学生上课分心的原因是:学习任务的难度不合适(太简单或者太困难);他们觉得上课很无聊;我的教学没有效果;在学习生活或家庭生活中出现了其他问题?是不是应该在教学计划以及教学实施过程中考虑一下学生的注意力问题?考虑上述问题会帮助我改进课堂行为管理方法,真正做到以学生为本,满足学生个体需求,同时也有助于我对教学计划以及教学策略进行相应调整。

设问与点评:

从专业人士或好奇心内驱力出发,你会如何回应阿伊莎?

在分析原因时,阿伊莎也对专业学习设计的课堂背景进行了一些讨论。尽管人们担心纠正分心行为会影响教学的正常秩序,但是阿伊莎却认为可以通过"更加自然流畅且更不易干扰"的课堂行为管理方法来纠正学生的分心行为,促进学生学习进步。在进行批判性思考之后,阿伊莎找到了导致分心行为的真正原因并试着寻找一个无须在上课期间进行也能解决问题的回应方式。从某种意义上讲,她希望创造一种积极参与和关注学习计划的整体气氛,让学习者沉浸在一个有来有往的合作学习环境中。例如,她考虑在课前课后或者教学过渡期间对学生进行行为指导,还可以在放学后或其他课余时间与个别学生进行私下交流互动。

现在需要重点考虑的问题有两点:如何对教学内容和相关教学策略进行排序以匹配学生当前的学习水平;如何选择合适的教学方法以符合学生当前的学习水平。从阿伊莎的分析来看,正是由于对以上两点的不当处理导致学生的需求得不到满足并最终对课堂失去兴趣,而注意力的不集中反过来又造成学生无法适应当下的学习范围与秩序。这里的专业学习重点不再只着眼于对外在行为的管理,而是与专业学习设计一样重新开始关注课堂教学。因此阿伊莎也应该改变以往对于行为管理的过度重视,超越"引入反应策略—应用反应策略—修改反应策略—再次执行"的解决路径,寻求新的方法。

曾有学者对新手教师职业初级阶段担忧的主要内容进行研究,结果表明课堂行为管理是新手教师的关注重点(罗杰斯,2000;布鲁姆菲尔德,2006;艾森曼,2015等)。

反复发生学生分心的情况会妨碍教师制订并实施高效、有趣并富有挑战性的学习活动。新手教师在确定教学动机时,可能会将注意力放在他们自认为重要的问题上,并且将重点放在比较外显的原因上,而没有对教学环境中各个因素进行全面的批判性思考。因此教师学习者往往只对容易观察到的现象做出反应,却忽略了隐藏在背景环境中的"罪魁祸首",从而无法对症下药。为了避免这一点,我们不能只关注那些浅显的东西,而是要对课堂背景环境的各个因素进行深入分析,找到那些对教学过程有促进或阻碍作用的因素,然后做出更具针对性的回应。

阿伊莎开始尝试以更全面且更具包容性的视角来看待教学过程,不断搜寻那些可能会影响到教学且不易发现的因素。阿伊莎认为大多数教学事故的发生都与不恰当的教学计划、教学策略有关。对于"问题学生"所表现出的极端行为,阿伊莎也从不会去责备学生,反而从教学过程中寻找原因:学生所表现出来的这种行为是因为教学活动没有和学生已有的知识基础形成良好衔接?还是由于教学计划不够合理、学习任务不够明确?这些认知问题表明阿伊莎对复杂的教学环境已经有了更深层次理解,也将引导着阿伊莎持续深入地进行批判性思考。

随着阿伊莎教师角色意识的日益增强,她认识到了不合理的教学计划会导致学生上课注意力不集中,从而得出了一个非常有见地的结论:学生是否会分心取决于教学计划的合理性和有效性。同时,阿伊莎还认为教学计划工作的重点在于对教学内容以及各种教学辅助资源的选择和组织,只有这样才能构建适合学生学习的环境。这些独特的见解会潜在性地转化成推论过程,以帮助阿伊莎开发合适的学习、管理策略。只要阿伊莎在进行批判性思考后取得了不错的成效,那么她就能更自信从容地面对更为复杂的教学事件,并且做出更为大胆的尝试,这对她以后的专业学习是非常有帮助的。因为她不仅在之前的尝试中获得了成就感,还在批判性思考中锻炼了表达能力,因此批判性思考不仅增进了她的专业知识,还促进了她的专业学习发展。

(三)专业学习日程表:方式和时间

使用不需要说话的课堂行为管理方式,例如:敲敲学生的课桌;提前预估学生的分心行为并做出相应准备;在教室里不断走动吸引学生注意力,从而让所有孩子意识到教师的存在;与学生进行眼神交流或运用面部表情(例如:扬起眉毛)来提醒他们。

我打算在下周及以后的教学工作中使用这些策略。

我仔细观察其他老师如何进行行为管理并与他们交流心得体验。

扫视全班(尽可能地确定好自己的位置),以确保学生专注于学习之中。

在课堂上观察所有的孩子:他们从什么时候开始不专注于学习?在这个时候,他们被安排做什么?是极个别学生还是许多学生都共有的情况?他们都是在同一时间节点开始分心还是在其他时间也存在同样的状况?学生在其他老师的课上表现如何?他们不专心学习的时候在做什么呢?在课上、课后思考这些问题,有助于了解孩子上课分心的背后原因,从而做出有效回应。如果上课分心的学生经常是某几个人,那么就可以和其他老师交流一下行为管理的心得经验,找到有效的解决办法。

时间:直到学校实习工作的结束(持续到下个学期末)。

尤其是在正常上课时,单独去提醒个别学生,会对教学秩序造成更大的负面影响。

设问与点评:

从专业人士或好奇心内驱力出发,你会如何回应阿伊莎?

为了将分心学生的注意力吸引回课堂,可以使用以下不需要说话的行为管理方式,例如:敲敲学生的课桌;提前预估学生的分心行为并做出相应准备;在教室里不断走动吸引学生注意力,让所有孩子意识到教师的存在;与学生进行眼神交流或运用面部表情(例如:扬起眉毛)来提醒他们。

除了第二点内容,其他策略似乎不言自明,它很容易实施并能进行有效监督。预设上课时学生可能会产生的反应并做出符合学生实际情况的回应,是教学计划阶段的一项重要内容,这个内容将在第七章进行阐述。因此教师必须有意识地培养自己的观察能力,敏锐的观察力可以让教师在教学同时注意到课堂环境中所发生的一切。同时敏锐的观察力也能够帮助你弄清楚分心行为发生的前因后果和背景条件,使你能在行为发生之前做好应对措施。这种课堂管理意识、专注倾听的技巧,以及所延伸的批判性思考能力在第三章中做了详细介绍。

原因调查阶段与学习者和学习情况相关的问题包括:

· 在这个时候,他们被安排做什么?
· 是极个别学生还是许多学生都共有的情况?
· 他们不专心学习的时候在做什么呢?

以上问题集中在分心行为发生的背景条件上,其他问题包括:

· 他们从什么时候开始不专注于学习?
· 他们都是在同一时间节点开始分心还是在其他时间也存在同样的状况?
· 学生在其他老师的课上表现如何?比如音乐课?

这些问题的答案有助于找到分心行为产生的前提条件,而前提条件中的各种因素会导致上课分心等问题行为的继续恶化。这些问题及其相关的调查类别都由阿伊莎精心编排,因此她可以根据这些问题的答案梳理出分心行为产生的背后原因。如果阿伊莎想要利用这些问题来进一步论证专业学习设计是专业学习日程表的必要补充,那么就可以直接对日程表中所涉及的方式和时间进行阐述和评估了。阿伊莎必须全面理解并准确表达教学领域中的各个活动,才能制订出一个有意义的策略性回应。也就是说,在寻找相应对策之前,阿伊莎需要详细了解她正在处理的事情,理解这个事件所包含的理论意义以及实际意义。

"原因""方式"以及"时间"三个阶段清楚地呈现了阿伊莎概念意识的发展进程,接下来只有更加准确地应用专业学习的表述方法才能继续提高其专业能力。早在本文讨论"学会如何学习"时就提到了表述的方法,并在第二章专业学习过程的双螺旋模型中进行了详细阐述。在阿伊莎制订出有意义的策略性回应之前,教师学习者需要运用分析性和解释性的思考来探究教学事故背后的真正原因,明确阐述专业学习计划,从而加深对专业学习的理解。教师学习者千万不能寻求权宜之计,不去追究问题的症结所在,从而错过对于问题的关键性认识。恰恰是这些被忽略的关键性认识，可以对教师的专业学习发展起到极大的推动作用。

> 小贴士6.3
>
> 在生成潜在的专业学习日程表之前，你需要深入了解学习事件的背景，并对这些事件以及教学过程中的一些潜在回应进行批判性推理。

(四)专业学习日程表：过程回顾和更新

这是贯穿本学期及下学期的专注重点。

在我目前的语音小组中，学生的分心行为更为棘手，所以我必须找到更合适的行为管理方法。我需要对小组成员进行更严格的管理方式：在课堂上花一分钟时间等。但也要考虑一下这些在课程中是否是必不可少的？它们能否起到作用？在数学教学中，我认为我的课堂管理或者教学计划应该做到更加自然流畅且不易干扰。需要确定计划中的教学过渡方式：举手、数数(数123)等方法以确保学生已经开始专心听讲了。

课堂行为管理应该做到更加自然流畅且不易干扰。改进课堂教学过渡方式后收到的积极反馈：我越来越擅长于中断学生的分心行为，重新吸引孩子们的注意力，这样我就可以进行一次小型班会，或者将他们的注意力带回课堂。考虑使用下列方式来吸引学生的注意力：举手(目前正在使用的方法，唯一的弊端就是背对你的学生无法看到这个信号)、摇铃、数数、拍掌等。

在教学中，我试着评估每个学生的参与程度，并为每个人制订适合的行为管理方法。例如，对于语音小组的某些学生，需要不断向其强调教师对他的期望，并且还要对他们实行公平一致的严格管理。

设问与点评：

从专业人士或好奇心内驱力出发，你会如何回应阿伊莎？

由于这个专业学习设计是阿伊莎专业学习过程中持续关注的重点，因此她在改进教学计划、教学策略时考虑了学生可能会出现的反应，并为这些反应建立了评估体系，使该计划得到进一步完善。因此，初步评估的反应可以被描述成进一步改进专业学习设计的建议，例如实施更严格的管理，对目标和结果重新提出质疑，并询问这些在实际教学实施中是否必要，等等。

如果对"进展回顾和更新"这两个阶段能够进行更明确地区分的话，那么在批判性思考时就能更加清晰和准确。生成回应时要避免类似于"考虑使用其他技巧来吸引学习者注意"的笼统描述,而要具体列举应该采取怎样的方式来吸引学习者的注意力,例如阿伊莎在"方式和时间"部分就列举出了具体的做法。教师学习者对初始回应进行尝试之后,就可以确定适用于该专业学习设计的教学过程。阿伊莎的言下之意是要在精心准备的活动中吸引学生进行有趣并有效的学习,从而将学生的注意力吸引回课堂。当关注的重点变成学习活动中学生的参与时,指导阿伊莎行动的关键词就变成"吸引和转移注意力"而不是"反应和干扰"。这些回应性质的教师行为将更有助于计划目标的实现,也就是使用"更加自然流畅且更不易干扰"的方法进行课堂行为管理,使教学符合专业学习设计的评估标准。

> **小贴士 6.4**
> 有效的教学回应可以吸引学生的注意力,并且不会扰乱教学秩序。

(五)专业学习日程表:外部参考标准

"使用满足学生个体需求的方法,让学生参与其中并激励他们。"

设问与点评:

从专业人士或好奇心内驱力出发,你会如何回应阿伊莎?

阿伊莎专业学习所参考的标准是"有效地进行行为管理以确保良好和安全的学习环境",讲得具体一点的话,就是"使用满足学生个体需求的方法,以鼓励他们积极参与并激励他们"。当教师学习者还未深入了解专业学习日程表每个部分的具体内容,或是只看到简明扼要的大纲时,这些外部参考标准是很有帮助的。但是在大多数情况下,这些标准都是由外部机构确立的,表述非常含糊笼统,所以具体到个人的专业学习来说不一定很有帮助。因此只有对教师行为做出精准表述,而不是含糊其词,才能为教师学习者提供明确的专业学习路径。当脑海中形成这个概念之后,我们发现阿伊莎所进行的批判性思考、解释和专业回应的生成在某些方面已经超过了所参考的外部标准,并从自身角度出发,利用一系列重点突出且意义重大的问题来阐述"什么是良好的学习环境"。

四、对本尼和阿伊莎案例的总结评论

虽然在某种程度上,专业学习并不需要去关注本尼和阿伊莎所进行的批判性思考,但是这些内容却生动呈现了专家意见会给他们的批判性思考、质疑、推理、解释以及回应的生成过程带来怎样的影响。由于他们现有的专业知识水平、过往人生经历、教学经验以及他们对于课堂角色的认知都会潜移默化地对专业学习产生影响,因此经过提问、解释和优化后的专业学习非常具有他们的个人风格。在调查原因过程中,他们所设置的一些问题可能更适合放在专业学习日程表的某个部分,但是是否运用以及何时运用都取决于个人是如何进行理解的,并没有所谓的标准答案。因此新手教师在学习掌握所要求具备的技能时,要赋予这些技能独特的个人风格,最后为自己所用,这才是最重要的。

到目前为止,本章已经对专业学习日程表的重要组成部分进行了再次回顾,即对"内容"的表述以及对"原因"的推理。这些内容为你明确了专业学习重点,能不断提升你的专业学习技能。

五、对于"内容"及"原因"的进一步探讨

由于"内容"和"原因"部分是专业学习日程表的重要内容,因此本节将再次对这两个部分进行回顾。我们确定了一些关于"内容"的表述,以及关于"原因"的推理。正如你现在所认识到的那样,不管是识别、维护和生成创造性计划,还是评估、调整回应方式,专业学习日程表的"内容"以及"原因"都存在着理论意义以及实践意义上的密切联系。

因此,你必须批判性地反思每一组"内容—原因",使你的概念认知以及推理能力得以提高,从而为教学提供与教学基础理论、实践知识相关的建设性意见。需要注意的是,你要回顾"内容"与"原因"是如何相关联的,思考它们会对实践教学的创造性发展以及相应策略的产生起到怎样的影响。如果你能主动将其与所参考的外部标准联系起来,那么就可以根据参考标准对专业学习设计进行相应调整,使专业学习设计更符合预期标准。

案例1

1.内容。

提问:通过追问让学生拓展他们的答案,延伸学习知识的深度,同时为其他学生提供一定的参考。

外部参考标准:教学法——使学生加强对概念的理解。

2.原因。

当学生做出一个回答后,有必要进行追问,让他们进一步阐述和解释自己的观点。通过这样的一问一答,我可以了解他们对于教学内容的理解程度,因为他们的所有观点与其自身的概念认知以及当前的背景环境是相关联的。如果我反其道而

行,为了达到所谓的教学要求,对学生的回答进行美化修饰,曲解他们的本意,这对他们的学习百害而无一利。

此外,学生为了证明自己对知识的正确理解,他们会在随后的提问中做进一步的解释,因此这种方式还可以拓展学生的学习深度(皮亚杰,1964)。这种互动式教学方法也可以让其他学生参与对话过程,参考学生的回答以及教师给予的反馈,了解自己对知识的理解程度。随着内容概念或技巧的进一步发展,这个由答案延伸出来的讨论过程将为后续的教学计划提供宝贵的评估数据。

案例2

1.内容。

组建交流小组:为学生们介绍小组交流互动的程序,强调交流小组的讨论是对话式的。

外部参考标准:教学法——提高学生互动的有效性。

2.原因。

交流小组的互动是一种创造对话的手段,而不只是一个学生在和另一个学生说话,或是单纯为了填补教学环节之间的空白。为了使小组交流对话有效进行,首先我将对小组成员进行角色分配:一个听众的角色(提问者),一个对话者的角色(回应者)。其次,我会对小组交流做出一定要求:当对话者提供反馈后,听众(提问者)需要阐述对话者(回应者)提出的观点。通过这种方式,我可以对学生的表达能力以及获取信息的能力进行评估。除了认真倾听"谈论"的内容外,听众还要能够回答对话者的问题,这样的一问一答可以帮助谈话者进一步阐述他们的观点。

案例3

1.内容。

制订有效的小组工作程序,让学生协同合作,尊重小组其他成员的参与,尊重小组其他成员的想法和意见。

外部参考标准:教学法——最大限度地发挥小组合作在学习中的作用。

2.原因。

专业学习设计的创新之处在于制订"小组合作基本准则",以保证小组合作学习的有效开展,并为学生提供相应策略以持续参与到不断发展的讨论之中。采取小组合作学习的原因在于学生不仅在学校环境中需要与他人合作,在学校之外乃至以后的生活中也需要与他人合作。专业学习设计要求学生必须对"小组合作准则"进行辨别学习和表达练习,这样可以预估学生是否掌握到了有效的小组合作技能,如倾听、尊重不同的意见,礼貌地参与并分享。这些技能将让我们受益终身,不论我们身处何时何地都能为我们所用。只有学生们具备了这些最基本的沟通方式,课堂上的小组学习才能有效开展。

这些技能都可以后天习得,因此教师要耐心指导学生学会与他人进行有效沟通,包括如何更清楚地表达自己的想法,如何更好地听取别人的意见等。可能还需要在课堂上展示一种永久性的视觉效果,这种视觉效果可以在大学的合作互动中经常使用。同时,教学计划中应该加入"学术能力和小组合作学习技能"这项学习目标,这项目标需要特殊的教学设计来达成,它与英语、科学、地理等学科课程同样重要。因此在我的教学中,学生的技能发展将是必不可少的。

案例4

1.内容。

我考虑在教学计划中引入实践活动(实际调查、交互式白板挑战等方式),或者呈现直观表象(视频、图片、图表等方式),吸引学习者参与其中并获得积极的学习体验。

外部参考标准:教学法——学习过程必须依托活动。

2.原因。

人们认为需要使用多元化的教学方法,以填补学生学习风格、教师教学风格、封闭式提问模式以及侧重于课程内容的任务设置四者之间的不足。我发现大多数对课堂不感兴趣或心不在焉的学生通常在以教师为主导的讲课环节中开始分心。因此我建议通过积极参与(动手操作等)和标志性(图像)活动给予学生感官上的刺激,让学生与教学发生互动,并为他们的认知发展提供重要的指导和支持。布鲁纳的三种表现模式(标志性的、积极的和象征性的)是一种形成学生个人学习风格和参与发现学习过程的方法。学生通过体验式学习,参与具体实施过程,获取新的想法概念并开始形成旧知识和新思维之间的联系。他们正是通过同化这些新概念来建立概念模式的(皮亚杰,1972)。视觉表征的图像模式促进了学生对概念的理解,提高了他们的思维策略。

符号模式(描述和澄清的语言)增加了主动性和象征性的模式,并以语言符号来表示概念及对概念的理解。这些表现形式可以结合起来形成并加强所关注概念的属性和实例,从而提高学生的思维能力。布鲁纳的内容表达模式为我提供了新的视角,开始重新考虑如何让教学内容、教学方法以及学生的学习风格三者和谐相融。因此,我有必要改变计划重点,让教学计划在适用于所有学生的同时还能对不同学习风格的学生进行有效分化。

案例5

1. 内容。

在教学过程中,课堂行为管理需要做到更加流畅自然且不易干扰。这包括将分心学生的注意力重新吸引回课堂。

外部参考标准:管理学生行为——提高对课堂学习环境的意识。

2. 原因。

目前,在教学中,我会偶尔对所期望的良好行为进行强化,学生们也很受用,因此取得了不错的教学效果。然而,为了提醒个别学生认真听讲,我却不得不停下来中断教学,所以我希望在提醒分心学生时不会过多地干扰到正常教学。因为教学的重点在于学生的学习,而不是去纠正学生的分心行为,千万不能本末倒置。鉴于此,我认为有必要提高对于课堂学习环境的警觉性,从而做到在教学的同时洞悉课堂上发生的一切事情。特别是如果我能预见到学生的问题行为,我就可以提前想好相应对策,不会到时候手忙脚乱。因此,我是否需要提高对课堂上所发生的事情的警觉性,从而提前想好对策,巧妙化解危机?对于我来说,这是一个与教学计划有关的问题吗?在选择相应教学策略时,需要寻找更多与此相关的解决方法吗?是否需要制订具体的心智策略来提高我的观察能力、警觉意识?

案例6

1. 内容。

引入更具开放性、过程性、询问性的问题,比如:你知道这与……有什么关系?你为什么这么想?你是怎么得出这个结论的?我们怎样才能对托马斯的回答进行拓展?我们还能用其他的方式思考这个问题吗?

外部参考标准:教学法——鼓励学生使用自我澄清的提问模式。

2. 原因。

以往封闭式的提问模式,学生只需要列举一个事实或提供一个想法的基本描述,然而自我澄清的提问模式要求学生对答案进行拓展延伸,这有利于他们成为独立自主的学习者,最终能在没有他人指导的情况下获得正确答案。迈希尔和邓金发现,使用一系列开放性问题能够帮助学生清晰地表达他们的想法,确保学习的真实发生,帮助他们成为更加独立的学习者。这些问题序列还可以要求学生解释他们为什么会有这样的想法,并进一步探索这种想法的发展过程,从而帮助学生识别错误的想法,强化对于正确答案的认知。对我来说,理解并区分被确定为"开放性"

的问题也是很重要的。这些问题类型的概念重点是什么？回答这些问题学生需要具备哪些心智技能(包括澄清、归类、分析、解释、询问、应用、预测、推断、评估、综合等能力)？如何培养学生这些心智技能？由于上述心智技能都可以通过探究性问题得以发展，因此还应该考虑这样的问答过程是否会对评估数据的收集和解释产生影响。

案例7

1.内容。

为了让学生更有效地参与到教学过程中，我必须在正式教学之前确保每个学生对重要概念以及学习任务有清楚的理解。

外部参考标准:确保学生理解教学活动的目标和过程。

2.原因。

确保每个学生都明确自己的学习任务，并在接下来的活动中不断重复这一点是很重要的。与此同时，在学生进入到下一阶段或更高层次的学习之前，必须让他们明确学习目标以及目标评价标准。特定的学习目标和目标评价标准指在教学当前阶段，他们学习了什么内容，他们在下一阶段应该做什么，如何去执行，以及如何做才能符合评价标准的要求。这可以让作为自主学习者的他们变得更加从容自信，因为他们知道自己接下来要做什么，怎么去做，以及如何做才能符合评价标准。当然首要的一点是，他们需要确定接下来要做什么，这涉及他们对于知识的理解，而不仅仅是类似于"我在这里学到了什么？我们今天学到了什么？"这样的简单描述。在介绍活动的最后，需要为所有的学生建立清晰的学习路径。

如果有些学生还不知道学习目标是什么，那么可以在个人活动或小组活动之前对其做进一步解释。这样的方式能够确保学生从教学开始阶段就专注于学习本身，并明确学习的目标。如果将这样的模式引入教学之中，那么我就可以在课堂上进行更高效的学习指导，进而达成学习目标。孩子们需要知道学习是什么，同样也需要知道如何实现学习。

案例8

1.内容。

无论学生是否给出了完美的答案，我都必须对他们在课堂上的发言给予积极反馈。

外部参考标准:教学法——鼓励学生积极参与到教学活动的各个阶段。

2.原因。

这一过程是为了培养学生的自我意识,建立自信心,从而让他们能够大大方方地站起来分享自己的想法,为教学内容建言献策。我会认真倾听所有同学的回答,即使有的答案可能不尽如人意,但它也可以为我提供一些处理教学中所出现问题的线索。如果只对回答正确的同学给予积极的反馈,那么会给学生造成只有正确答案才能拿来分享的印象。长此以往,学生们容易犯错的或者理解上有困难的地方都会被忽略,这对于学习与教学都极其不利。同时,由于一些学生对自己的能力缺乏信心所以不敢起来表达自己的真实想法,无法参与到教学互动之中,这种参与感的缺乏最终会导致他们对课堂失去兴趣。因此我创造了一个具有挑战性的支持性学习环境,在这个学习环境中所有学生的想法都能被接纳,这些想法会对所探讨的主题内容进行更深层次的剖析。

六、专业学习日程表规划策略的总结

在第五、六章中,我们对来自本尼和阿伊莎两位教师的专业学习案例进行了学习,我们可以发现她们都通过利用批判性思考策略对自己的专业学习过程进行自我调节。这样的自我调节可以帮助她们在课堂教学过程中拓展自身的教学管理专业知识。如果你在进行专业发展学习时,也能运用批判性思考策略对具有创新性或挑战性的想法进行分析,你会发现你的专业理解能力会不断得到提升。在学校这个背景环境下,有趣的想法对你来说可能是非常具有难度或挑战性的,然而它对专业意识的培养来讲却意义重大。因为任何具有挑战性的学习都可以使用专业学习日程表的提问模式和自我生成过程进行自我调控。

虽然我们已经对本尼和阿伊莎的所有尝试都提供了前瞻性评论,但如果你能亲身经历本尼和阿伊莎的专业学习日程表内的各个阶段,领会她们在进行原因调查和生成反应时所采用的提问模式,你将会获益匪浅。而这也是一种有用的专业学习方法,这种提问模式会为你提供与每个专业学习阶段目标相关的前瞻性评论,并且从专业人士或好奇心内驱力两个角度出发对你的专业学习进行指导。

为了进一步理解并完善专业学习过程,本章最后部分以教师学习者迈克的专业学习日程表作为案例供你学习。在学习过程中,你是否对所呈现的案例内容进行了批判性思考、反思和解释?当你进入这个重要的意识过程时,你可以试着预测一下你会如何评论迈克所确定的专业学习设计,你又将采取什么方法来帮助迈克对其教学角色进行持续性认识?当然,每个教师的批判性思考,所生成的反应以及选择采用的方法都是因人而异的,因为这与个人的教学风格、价值观和生平经历紧密相关。

第六章 通过反思和解释优化专业学习

此项学习活动再次强调了本章之前所提到的双重角度——你既是对专业学习想法做出有效反应的分析者和创造者，也是对自己及他人的专业问题进行检查的审查者。这是一种积极而富有挑战性的专业学习活动，它对专业学习设计每个阶段进行回顾反思。

七、专业学习活动：迈克的专业学习故事

（一）专业学习日程表：内容

虽然我已经对一个学习小组进行了分工安排，但仍然需要对所有确定了学习活动顺序的小组进行观察和监督。

（二）专业学习日程表：原因

最近在评估识字课的教学成效时，我发现自己在实施过程中犯了一个错误——在开始阶段我一直只关注重点小组，并耗费大量精力让他们进入专注的学习状态，这意味着其他小组可能得不到足够的支持。不过我很快意识到了这一点，于是我为了重点小组设置一个他们能够独立完成的任务，从而腾出时间对其他小组进行观察并在必要时提供一定的指导。

当分配好其他小组的时间之后，我就可以对重点小组进行更详细的指导。从这一观察结果来看，有必要考虑重新进行时间分配，从而为包括重点小组在内的所有小组提供指导和支持。

看起来，如果学习者要想了解这一特定活动在发展他们的知识和理解方面的内容意义，那么有必要与他们一起强化这个观点。他们必须能够评估我对于学习者的学习过程的直接参与程度，以证明我对其具有重要价值。

（三）专业学习日程表：方式与时间

在学习的初始阶段，我会为重点小组设置为一项他们可以独立完成的任务，从而实现对所有小组的观察和监督工作，这是对教学中所出现问题的第一个解决措施。例如，当重点小组的学生正在完成能够评估学习情况的答卷时，我会监督和指导其他小组确保他们的问题能够得到解决，从而成功完成个人任务或小组任务。在上课期间，我需要多次进行这类"支持性回顾路径"。

时间：此项试验将在之后的教学期间一直进行。

(四)专业学习日程表：过程回顾和更新

第一周：

本周教学计划的一项重要工作就是要确定一个重点小组，从而让我能够有目的性地对所有小组进行观察监督。其次，为了达到这一目的，我会为重点小组安排一个他们能够独立完成的任务，在他们完成任务期间我就可以为所有小组提供更直接的指导和支持。在我的科学课和地理课上，我明显发现这样的时间分配更为合理，让我在教学过程中能兼顾到每一个小组。

第二周：

现在我觉得有必要对时间分配的目的进行拓展，因为重新分配时间之后我不仅可以对每个小组进行监督，还可以进行深入的观察，而这些观察对于教学评估以及以后的教学规划都非常有帮助。现在所有小组都已经习惯并接纳我参与到他们的小组学习之中，并且当我参与小组互动时，他们会非常关注我们之间的互动。从某种意义上说，他们开始期待我们之间的互动，并提前做好了提问以及阐述问题的准备。我现在需要做的是确定记录信息的方式，并且在不同小组之间走动（最好每次不同），从而实现对所有小组的指导与支持。

在与每一个小组互动时，记录下小组成员有趣的评论或发言，完成评估表格，让评估的开放成为可能。

第三周：

在过去几周的时间里，我不断调整优化时间分配以及评估策略。令人惊喜的是，在最近的计算活动中，我发现他们即使在没有其他成年人支持的情况下，学习效率也显著提高。我很乐意为所有的小组进行学习指导，并为他们的学习需求提供必要的支持。

第四周：

虽然与对所有小组的监督没有直接关系，但我发现如果学生正在独立完成一项活动，那么我必须在不中断教学的情况下给他们提供适当的思考时间。看来，对于"教师目标"的关注让我更加了解学生如何完成学习任务。

第五周：

虽然我继续将教学计划的重点放在教师身上，但是我发现一旦因为某个小组分散了注意力，那么我对于所有小组的监控就放缓了。这种组织方式需要我给予持续性密切的专业学习关注。在某些情况下，我是否应该考虑采用小型班会？在监督各个小组时，如果我发现许多小组都存在一些较为常见的错误时，那么我将开展小型班会向全班强调这个易错点并指导他们进行修改，这样的话我的教学时间就会变得更加合理。如果在没有小型班会的情况下，一些小组可以有效地进行学习，那么我就可以将这些小组排除在关注对象之外。这是另一个需要考虑的专业学习设计问题吗？这需要具备丰富的知识，从而灵活地应对学习者的需求，并再根据需要做出回应。

（五）专业学习设计：外部参考标准

我将"促成学生的良好进步和良好学习成果"的教师标准作为专业学习设计的外部参考标准，并且更密切地关注学生的接受能力以及他们对于各种学习情境的有效应对能力。

本章小结

我们希望你能借此机会思考一下，并提出一些与计划、教学管理措施有关的不同的分析、解释和规划，以及它们对于你目前来说具有的挑战性，在第五、六章中已经指出，你应该寻找一些独特的方法来回应诸如迈克所发现的具有挑战性的问题。阅读具有相似专业发展经历的教师作品有助于我们对自身角色形成一定的概念认知。因为在阅读过程中，你不会把书中的内容看作是来自陌生人的信息，而是来自与你有类似专业学习背景的同行或同事。在此过程中，与你的好奇心内驱力有关的概念化技能也得到了开发和提升。

第七章　规划专业学习的过程

学习目标

阅读完本章后,你能够理解:
- 螺旋式课程的主要课程设计理念。
- 如何在你的教学计划中体现出课程设计的特点。
- 针对不同能力水平和不同需求的学生灵活调整教学计划。
- 培养认知策略和规划技能使你能够解构现有的课程计划,并能为学生创建备用教学计划。
- 倾听技巧的重要性在于使教学策略和课堂语言富有成效。
- 学习目标的确定与有效提问模式之间的紧密联系。

一、引言

　　准备和计划的目的是为了提供一系列有趣和具有挑战性的学习经验,这种学习经验使学生将他们正在学习的、已经获得的知识和学习潜能联系起来,让他们在提升理解水平和情感意识的同时,能够对所学的知识进行应用和创造。本章通过应用课程设计的核心概念探讨了设计开放有趣、灵活的教学方案的过程。

　　对准备和计划工作的重视会让你在专业学习中不断进步。规划课程是专业学习的重要环节,可以利用鉴别、批判性研究和说明等方式来规划课程。作为专业人士,你可以创造性地在规划中展现不断发展的自我概念。从计划阶段到活动实施,通过"自我监控策略"和自行调整的"专业学习日程表"来确定教学和学习过程中潜

第七章　规划专业学习的过程

在的问题。通过这种方式可以提高你的教学能力和学生的学习能力。

好奇源于对未知的渴求,将好奇与智力融合可以增强自身以及学生的学习能力。持续保持好奇,不断挑战自我,清楚学生在课程中学到了什么,了解能为学生提供好奇心且富有挑战的相关教学策略和技能。通过树立榜样,帮助他们达到你的预期目标。

要意识到自己是课程开发过程的一个重要贡献者,是否有精确和全面的知识为课程的设计和创造提供良好的基础无疑十分重要。以下概念框架(图7.1)可以为你获得这种专业知识提供途径。

专业学习的发展阶段——计划/准备;自我监控策略五个阶段;
自我分析和专业学习日程表的产生过程

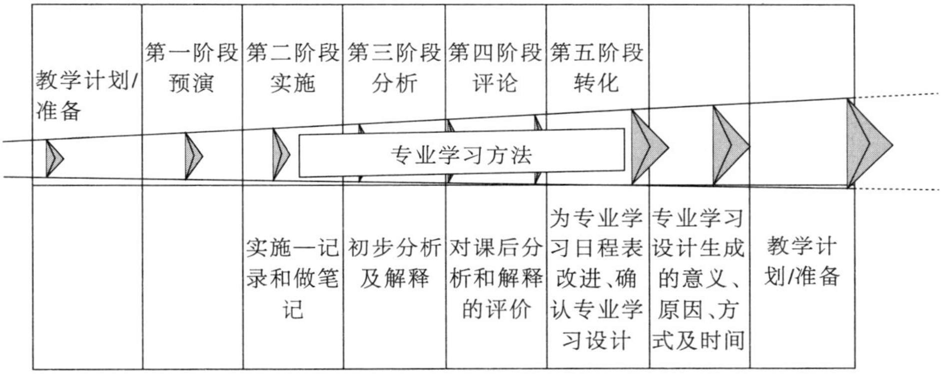

教学计划/准备	第一阶段 预演	第二阶段 实施	第三阶段 分析	第四阶段 评论	第五阶段 转化	
		专业学习方法				
		实施—记录和做笔记	初步分析及解释	对课后分析和解释的评价	为专业学习日程表改进、确认专业学习设计	专业学习设计生成的意义、原因、方式及时间	教学计划/准备

专业知识是在自我调节的过程中不断增长的,在"学会如何学习""学会教什么"和"怎样教"等观点的相互作用之下,能够日渐成熟,富有创造力

图7.1　拓展专业学习途径

怎样规划才能满足师生的学习需要:一个警示性的故事能否对我们有所启示?

一个希腊神话故事为本章内容提供了一个发人深省的隐喻,为课程设计和开发,以及课堂准备和规划设置了场景。据说,波塞冬的儿子普罗克汝斯特斯在雅典和埃兰西斯的神路之间拥有一处要塞。他有一种特殊的待客之道——劫持旅行者,给他们提供丰盛的晚餐,并邀请他们在一张十分特别的床上过夜。他想要这张床和旅行者的身高完美契合,如果客人是高个子,就用锋利的斧头砍断他们的双腿;如果客人是矮个子,则拽拉他们的身体使其适合床的长度,手段极其残忍。

课程制订和教学的方式就像"普罗克汝斯特斯之床",强求一致是否存在着风险?不同学生的学习速度略有不同,面对不同学科的学习情况也有差异,如何使你的课程计划满足那些有不同优势和劣势的学生的需求?如果班上只有一半的学生认为中等进度的课堂教学与他们现有的知识水平相适应,你需要怎么做?如果其

129

余同学中的一半认为进度太快,而另外四分之一的学生需要更高的教学强度和更快的学习进度,该怎么办?如何对待这些群组中的每一个群体的特点呢?与此同时,是否有少数学生的学习需求不属于以上任何一个群体?

之所以改造一成不变的课程标准实施方法,是因为学生存在个体差异性,需要根据不同情况调整教学和回应,以便每个学生都能发挥自己的潜力。如果你对教学内容的范围和顺序的规划及教学反馈的多样性与学生的需求相符,那么你要及时"改变(工作)计划表",并强调保持一致是行得通的!(本章后面会进一步讨论差异化问题)

如何开发出一套课程规划流程,可以通过学生的差异来调整教学内容和教学材料以适应学生的需求,从而使不同学生群体在统一的课程教学中都能得到有效管理?本章所探讨的课程方案编制和规划策略将为你提供一个参考,服务于回应式课堂相关课程。因此,基础课程计划或标准课程计划也可以具有差异性。

二、课程的设计原则

这个部分的内容甄选了大量能够支撑课程规划的相关概念。在你为学生群体重建课程之前,你需要对其他课程文件进行解构。

(一)原则一:课程内容深入浅出

在重建过程的初始阶段,从官方课程中最抽象和最复杂的内容入手,这是一个始于确定课程的核心思想和基本技能的推导过程,通过这种方式将确定你的计划中学习内容和学习活动的范围和顺序。当学生参与这些学习活动时,可以在归纳过程中获得知识和理解。作为课程设计者,你应该从宏观的角度出发来制订课程计划,从最复杂、最抽象的课程组织概念入手。当学生在学习课程时,你要有针对性地教学某些内容,使他们学有所获。这是什么意思呢?意思是在这个学习过程中,你的学生将带着最基础的知识和理解水平(如事实或基本技能)进入课程学习。在学习活动的初始阶段就给学生灌输课程的关键思想或概念,并为这些学习活动中的信息建立联系,那他们会逐渐对课程的关键思想和信息形成概念性的认识。

(二)原则二:课程内容培养学生的学科概念意识

采用全面的、演绎式的方法,把专门为学生设计的归纳学习过程作为规划课程的补充。谨慎排序每个教学环节,使学生在学习过程中提高对课程关键思想的概念意识,这些概念意识来源于官方课程,并在你的计划流程中逐步发展起来。学生被带入你的构思规划过程中,并以他们的认知水平对这些关键思想或概念进行概念性的理解和学习。在这个过程中,你应该要求学生不局限于收集事实内容,而是朝着理解内在概念结构的方向前进。要实现这一点,你需要不断增强对相关学科领域内容的理解,成为具备该领域应用知识的专家。

例如,鲍尔和科恩认为,未来的教师必须反复进行教学练习,并从中学习。具体来说,他们提出了"主题的发展强调每个具体领域的论证以及'意义和联系'"。学生是否需要了解一门学科的内在思想、意义和联系,这是一个至关重要的问题,你需要认真思考。同时你也需要明白有些事物存在相关性的理由何在,以及在什么情况下是合理的。非常重要的一点是,作为一名有影响力的专业人士,随着知识的不断增长,同时需要承担的义务越来越多,你对课程建设合理化的接受程度也会相应变化。

(三)原则三:课程重视语法和程序性知识

格罗斯曼及其同事提出了认知教学的三个重要维度:一是核心概念和相关概念,二是组织纪律原则,三是事实信息。学生的学科知识概念是在学科领域的名词性实词和语法结构的引导下前提下,在批判分析和理解的认知过程中产生的。在这种情况下,实质性知识被定义为概念性知识、概括性知识、有意义的观点和事实,以及以概念化形式组织起来的内容。从专业的角度来看,探究具体学科领域和相关知识的本质就是探究语法知识,在这个过程中,新的知识会被引进和接纳,包括有关论证和语言规则的知识(施瓦布)。实质性知识和语法结构对老师选择教什么以及怎样教有一定的影响(舒尔曼),在第二章中讨论专业课程学习时,提到了这些课程设计理念及其重要意义(详情参见双螺旋模型,图2.1)。

格罗斯曼等强调了语法知识的重要性——它是一种包含常识和经验性的语言,它是塑造教学技能的关键因素。在学习计划的规划和实施中,它更倾向于是一种教学策略和方法。

缺乏语法知识可能会严重限制未来教师在其专业领域中的发展。如果没有扎实掌握学科语法知识,可能导致教师无法对某一个观点做出合理判断,以及无法提出更合理观点。教师们可能会发现即使他们已经意识到某个观点似是而非,但无法对这个观点进行有效的思考和论证。

如果你无法在学科专业学习过程中理解和应用语法知识,那么你的学生也不太可能把握好这个能使他们自主建构新知的重要学习能力。他们的知识水平和理解能力将受限于僵化的课堂教学,除非他们能够从其他方面弥补语法知识的欠缺。

舒尔曼最初对学科知识的定义着眼于学术层面的可能性、抽象意义上的表达、明确的理解以及动手实践技巧之间的关系,通过创建表达方式和规划内容主体使他人理解。布鲁纳在不同模式的认知表征理论上有自己的见解,他认为,无论是动作性的、形象性的还是符号性的表征方式,都可以促进对课程实质的理解。

简单来说,实质性学科知识包含学科领域的概念、归纳、观念、事实、态度、技能以及说明和组织框架。而语法知识或程序性知识可以为探究学科知识确立方法,从而论证其知识如何产生,如何被检验和合理化。

学科课程的学习成效取决于你对课程的理解水平。为了让学生达到预期目标,你必须对课程内容及教学要点的各个方面的概念结构有明确的认识和理解。只有这样,你才能在任何时候,都把学生的反应置于日益复杂的课程教学中去考虑,针对每个学生不断发展的认知水平和需求进行重点指导和帮助。

> **小贴士 7.1**
> 在设计和创建学生学习计划之前,你需要先学习课程理论。

三、螺旋式课程设计

螺旋式课程的设计理念将显著增加你对课程解构和重建过程的理解。任何专门为学生群体制定的教学计划都应该被看作官方课程的微型版本,应当符合课程要求。此外,设计各种时效性强的活动计划,有助于你对课程设计和规划的组织概念形成正确理解。通常需要制订一个学年内的具体时间框架,对教学工作进行规划。例如,一个特定的年级、学期,一个为期五到六周的中期计划或集体日常计划。你对特定时间内学习内容的范围和顺序以及相关教学法的认识,有利于你制订这些具有针对性的课程计划。除此之外,你还必须要对课程教学的早期和后续的重点教学内容有一定的计划。在你最初的教学计划中,你可能只会关注到有相似学习需求的学生群体,当你能把课程要求与学生个体差异结合考虑时,你将更倾向于在教学过程中重点关注个体需求,积极打造个性化课程。

螺旋式课程模型对课程内容的模式和顺序进行了描述(见图7.2)。这个概念是解构过程的一个关键因素,也与你的目的和相关学习经验有所关联。螺旋式课程的概念是在布鲁纳提出的认知学习理论中建构的。他认为课程的设计和开发基于以下假设:任何学科课程都可以在任何发展阶段以正确的方式教给任何学生,对布鲁纳而言,即使是最复杂的概念性内容,只要结构合理和呈现方式恰当,即使是缺乏经验的学生也能够理解。基于布鲁纳的研究,螺旋式课程的基本原则包括以

下内容:
- 在整个学习过程中某主题、概念或技能多次重复出现。
- 随着学生知识面的扩大,教学内容的主题或概念逐渐变得更加复杂和抽象。
- 新的知识在已有知识和经验的背景下不断建构。

螺旋式课程理论的优点在于包含这种概念:从低段到高段,当学生再次学习某抽象概念时,相关知识会得到巩固和加强。在这个螺旋结构中,相关知识和概念日益复杂,层层递进,教学内容从易到难,以促进学生逻辑思维的发展。从某种意义上说,就是以阶段学习的方法,将重要概念从简到繁运用到一系列或连续性的学习活动中。

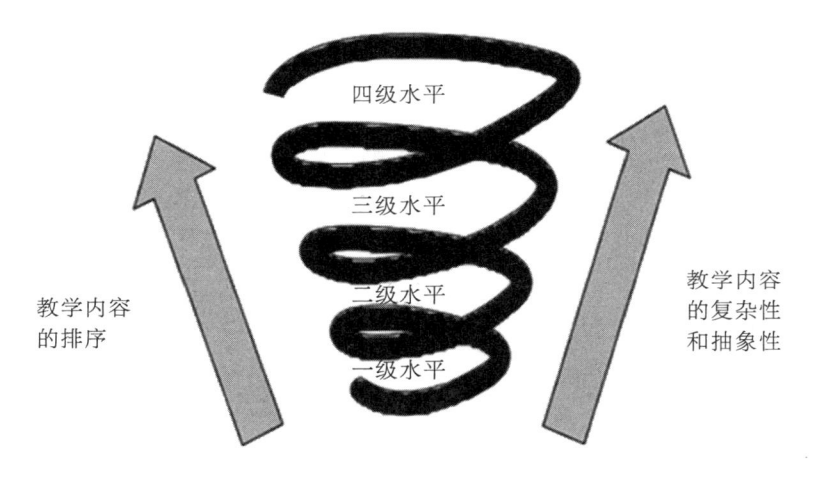

教学内容的排序　　四级水平　　三级水平　　二级水平　　一级水平　　教学内容的复杂性和抽象性

核心概念(如:因果关系)

图 7.2　螺旋式课程模型

课程内容复杂性增强的同时,关键概念和教学进程始终保持不变,这种内容组织方法的确适用于大多数课程。如果在考虑课程主题的过程中一直保持这种观点,为不同能力和需求的学生创建有针对性的课程计划,那么如何确定教学内容顺序可以给你提供有效参考。你会发现,有些学生在关键发展阶段,不同年级的智力水平差异很大;同时你也会发现,有些学生能够适应关键发展阶段早期或后期的调整和变化。

(一)螺旋式课程设计中差异教学概念

考虑到不同学生有不同的特点,教师应努力创造有意义的、有关联的学习任务,并随时进行形成性评价,以便对教学计划进行调整。通常通过较为活跃的学生群体来探究学生的整体认知水平。汤姆林森认为，差异教学不是一种教学策略，而是一种感知和回应学习本质的方式。根据学生不同的准备水平、兴趣和学习风格来设计差异化的教学内容、过程与效果，最终促进所有学生都在原有基础上得到最大限度的发展。差异教学的概念并不是假定每个学生都有不同的学习经历，而是考虑学习活动的复杂性、活动的参与度、相关学习资源的性质和学习的方式，从灵活的角度考虑和处理，这样每个学生都可以在课堂上收获良多。

在这本书其他章节的研究分析中，差异化课程方案被认为是专门为学生发展创建的。虽然学生通常以同年龄组的形式被归类，但显然这并不代表同组学生都具有相同特征。随着深入探究，很快你就会发现同一年龄组学生不同的特质。一些学生能够提前完成要求的课程任务，另一些学生的学习节奏可能会慢一些，这是因为他们的某些学习能力可能会滞后发展，同时其他处于中等发展水平的学生群体也能在课程内容学习过程中展示出学习成效和潜力。

当你逐渐意识到学生在课堂上表现出的能力和潜力的差异时，你应该多向同事请教，特别是那些有相关经验并且知道该如何应对的同事。你可能需要研究当地的专业教学设备并寻求支持，同时你也需要了解怎样为这些学生提供更好的学习环境。在教育系统中，为特殊需求提供支持的人是有必要存在的，就像专门为那些天赋异禀的人或某些领域的先驱提供具有挑战性的学习计划的老师一样。

你将如何应对不同课程内容和流程的需求，从而创建出多样且相关联的课程计划？第一步是要了解整个课程主题、内容范围和顺序，包括情感、技能领域以及认知维度。认真研究这个顺序是如何随着时间发展的。你要明确课程的次要概念和属性，以及不同阶段提出的学习任务。这些概念性的知识以及实践性的活动对你课程方案设计的下一步规划有很大帮助。请牢记，在课程计划中，要保持内容的完整性并保留适合的教学法，这样你组织的学习活动和提供的学习资源才能实现最大的价值，并且你的目的也不会轻易被学生察觉。

第二阶段是关注在整个学习内容范围内选取的概念或主题，并为其创建具体范围和顺序图，尽量在课程计划中表现出内容的多样性。如果你在教学技巧、策略以及个人教学法方面都有了一定的计划，将能够帮助学生全面参与到学习中来。作为一名新教师，你要加强对学生学习方式的了解（参见加德纳的文章）。同时你可能会发现布鲁纳提出的表征模式比较有效，可以用于一系列学习活动。表征模式是信息、概念性知识和理解被存储和编码在记忆中的一种方式，而不是被安排的某个年龄阶段（皮亚杰）。表征模式是一个整体，只有在它们相互转化时才以分散的形式呈现。它们可以有效促进学生的思维发展，提高解决问题的能力，这些技能随后可以应用于一系列情境中（布鲁纳，1961）。

- 动作性表征(基于动作)
- 形象性表征(基于图像)
- 符号性表征(基于符号和语言)

这些表征模式使学生能够构建自己的知识体系,通过这些不同的模式对信息进行组织和分类。

当你解构课程及学科领域的能力越来越强时,就可以引用各种教学法,利用相关教学材料和人力资源去适应不同学生的发展特征。因此,了解课程内容时也要针对学生的学习给出合适的建议,寻求各种方法和资源,积极创建有意义的且密切关联的知识模块和单元学习。总之,差异化教学是指为有相似学习特点的学生群体提供个性化通用学习目标的过程。因此,差异化教学与个性化学习和个别化学习密切相关。

尽管布鲁纳是一位认知心理学家,但他努力将他的课程设计原理付诸实践,开发了课程"人类:一门研究课程"。这门课程的内容编制参考了社会人类学课程,在教学内容和相关资源中呈现了叙述性的描述、模拟、角色扮演、照片、壁画、动物研究和人类学影片。其关键概念和内容包括人的结构和器官功能;先天和后天习得的行为;与观察相关的认知能力;推理和概括以及解决问题能力的发展。通过具有挑战性的探究过程,各类知识以及情感内容等更为复杂巧妙地被引入到学生的学习当中。例如,布鲁纳使用了诸如动物行为研究(包括康拉德·劳伦兹和简·古道尔)以及当代人类学家如埃森·巴列克西的实地研究等内容,在电影纪录片中跟拍一群加拿大北部佩利湾地区的因纽特人的季节性迁徙。

如果仔细研究,你会发现布鲁纳使用再现知识的重要概念,即符号性的、形象性的和动作性的再现模式。在长达一年的课程中,布鲁纳为学生的学习提供了多个切入点,同时也是为个人学习打下基础的早期课程。关于多元智能理论的更多信息,请参阅加德纳的文章;关于螺旋课程的进一步讨论,请参见塔巴等人的文章。

前面简要地探讨了课程设计和规划中的重要概念,接下来就让我们看看如何利用得到的启发来编写与学习者直接相关的课程计划。

(二)解构其他课程方案

如前面所述,课堂计划涉及两个关键的过程,即分析和生成。接下来要考虑从解构课程到重建课程的过程,同时始终遵循螺旋式课程的原则。

第一步是要解构国家和地方课程规划文件。这些规划可能包括具体的关键学习阶段,以及长期、中期规划建议和措施。由国家或地方规划设计的课程计划更为权威和全面,并针对其中的核心概念和技能进行长期和全面的探索。第二步是要解构学校或教学工作者制定的课程规划文件。由学校或教学工作者制定的课程规划文件主要反映社会需求,并在学校中针对学生实施。

你必须将初始计划集中在这两个方面。直接从地方文件中可利用的部分入手,但也要确保你的课程计划有全面的课程指导。一个合格的课程实施者应该把握课程建设中所涉及的设计和组织原则,并理解支撑其课程结构和顺序的重要思想或概念。

让我们花点时间来定义课程文件和本书中涉及的课程内容。课程内容包括:(1)认知性知识和理解,即概念、观点和事实;(2)学生通过批判性探究和解释来限制和扩展其理解的思维过程;(3)某学科产生的态度和价值观;(4)社会技能,即领导、合作,分担角色和任务;(5)类似于识别、区分、分类和标记以及构建适用于其他学科领域的信息等学术技能。

课程内容覆盖了这些领域,应注意你的课程计划不应局限于认知学习,学生的情感、思维过程和社交技能等方面也应该被纳入课程计划中考虑,因为这些技能不会偶然发生,学生只有在学习活动中不断训练才会逐渐掌握各种技能。课程教授的重点不仅仅包括知识,还需要考虑到以上的每个领域,使所有学生有效地参与课程学习。例如,数学课程不仅包括数与代数、测量、几何和统计等关键概念,同时也涉及问题解决和数据分类。历史课程的关键概念既包括因果关系、历史变迁、权力和权威、控制和冲突以及历史解释,同样也会重点关注某个历史时期和重要贡献者,使学习者产生情感共鸣。在本章后续部分,我们将继续探讨学科课程主要内容的概念结构,并讨论解构的过程。

小贴士7.2
要为学生创建合理的学习计划,你必须要先了解课程设计原则和课程开设顺序。

1. 广域课程文件的特点。

· 将显性和隐性的课程内容(如概念、次要概念、概括、观点、属性、事实、思维过程、态度和技能)区分开来,包括联系和关系,以及为实施本课程计划而提出的教学策略。

· 通过学生参与学习活动所获的差异化学习体验,鉴别学生的学习行为及潜在的学习能力。

通过分析,可以获得知识和启发,你会感激在这个过程中学到了很多(课程内容和相关教学法),以及明白了出于什么目的去分析(了解学生的学习行为和结果)。如果你想在课程计划中恰如其分地理解和解释这些内容,那么这种解构过程就非常必要。这种意识有助于你创建符合教育系统并体现学校课程重点需求的课程计划。

这种解构过程及其关键概念和属性,都是在逐渐细化的认知内容的不同阶段中发展的,具体内容将在后面的讨论中以多种方式进行说明。解释这个过程的方式必然会有利于个人意义的建构,并引导你给出各种回应。

第一阶段是确定课程内容的结构。例如,在认知领域,你要将关键概念,相关的次要概念或属性,以及与这些相关联的过程区分开来,为教授目标知识和发展认知提供语法策略和学习经验。一旦你在学科课程的初级阶段把这个概念结构分离出来,下一个任务就是在整个课程的后续阶段遵循这些结构。你会发现,如果一个关键概念朝着复杂性、抽象性和全面性发展,那么相关的次要概念也不例外。在某些情况下,学习关键概念可以为其他内容的学习打下基础,而且关键概念还可以被扩展或增强到一个更抽象的层次。全面理解综合知识和特定课程,将使你能够把课程计划放在全局中考虑。在对总体课程目标确定的条件下,你要更直接地关注所教授年级的课程小节以及各小节之间的联系。接下来让我们具体探讨某个学科课程领域,并阐述我们是如何进行细致分析的。

2.解构课程的案例:改编英国的数学课程。

数学是一门各知识点之间关联性很强的学科,是学生自由发展数学思维的天地。数学的课程计划要求以离散的形式组织教学知识点,目的在于使学生能够建立强大的逻辑思维,将各知识点建立联系,从而能够顺利解决日益复杂的问题。另外,学生所具备的数学知识和对数学学科理解也可以应用于科学、信息技术与计算机应用、地理学、生物学等学科。课程文件也应该考虑到教学的进度问题,建议在保证学生的理解能力达到要求,以及已经准备好接受下一阶段学习的基础上推进教学工作。有意识地观察学生在学科课程中的学习进度,可以了解到哪些学生可能还没有达到预期水平,哪些学生已经准备好接受下一阶段的学习。那么数学学科的概念结构是什么?研究下面的表格(表7.1),可以对其进行调整,使其也适用于其他课程分析。

表7.1 认知理解的三个层次(数学课程的基本组织结构)

关键概念	次要概念	属性(包括能力)
数	位值	熟练掌握整数,会数、会读、会写 数学语言——等于,大于,最多,最少,等等
	运算	确认和表示数轴上的对象——数字加减法,数集,简单运算 乘法和除法——简单运算,倍数,数组关系
测量	分数 长度/高度 质量/重量 容量/体积 时间 货币 测量并记录事物及顺序 确定和使用数学语言	等分,二分之一/四分之一 长/短,高/低 重/轻,比……重/比……轻 满/空,大于,小于,半满 更快,更慢,更早,更晚 识别、价值、面值、硬币、票据 长度/高度,质量/重量,容量/体积 时间(时,分,秒,半时) 时间顺序,测量内容按日期排序
几何	二维和三维图形的性质 位置和方向	二维——矩形(正方形),圆,三角形 三维——长方体(立方体),锥体,球体,坐标系,方向和运动 (包括整圈,半圈,四分之一和四分之三圈)
统计	统计图 方框图 简单图表	解释和构建 按数量分类 总计、分类比较数据

表7.1中的课程分析确定了认知理解的三个层次:关键概念、次要概念和相关属性。其提供了数学课程的基本组织结构。最具体的层面,也就是属性,为总体目标的制定打下了基础,总体目标为一系列相关的学习活动的创建提供了一个重要的框架。这个表格具有代表性,通过提供课程框架来辅助你对特定阶段/年级的课程进行重点解构,并指导具体的教学活动计划。

根据本章迄今所讨论的所有课程设计原则,你可以创造一系列有明确定位(有目标的)和定义的学习经验,并将这些经验附加到相关的次要概念或属性中。接下来是计划过程的重建阶段。

让我们继续对数学课程进行分析,关注"数"这个关键概念,了解在螺旋式课程设计中,"数"的相关属性是怎样日益复杂化的。数学课程的关键阶段三(表7.2)也说明该学科是一门具有创造性和高度关联性的学科。日常生活离不开这门学科,数学对科学、技术和工程都至关重要,并且应用于金融知识和各行各业。所以必须要高度重视数学,打好数学基础,并鼓励推理和探究,逐渐解决复杂的数学问题。

表7.2 数学课程的关键阶段三

关键概念	次要组织概念	属性(包括能力)
数	位值	小数,任意大小的度量单位和整数,正整数和负整数,小数和分数,整数集,实数和有理数
	乘积符号和因式分解	因数、倍数、公因数、公倍数、最大公因数、最小公倍数、质因数分解
	运算	整数和小数的四则运算,正因数和负因数,带分数,近似值常用符号,运算符优先级,幂,包括逆运算在内的运算的根和互反关系
	整数幂	运用实数根(平方根,立方根等),组织2次幂、3次幂、4次幂、5次幂,区分和解释根和小数近似值的表示方式,比较标准数
	小数	小数和分数的转换
	百分数	解释百分比、分数或小数 用乘法解释一个数占另一个数的百分比,百分比大于百分之百 将分数和百分比当作运算符

对课程的深入分析提供了对学科复杂性的深刻见解,不仅对内容探索形式提出了更高的要求,而且还增加了次要概念,使关键概念更全面。当数这个概念逐渐变复杂时,整数的类型和幂的符号都随之扩展,分数和小数的运算的复杂程度也随之变化。值得注意的是,从小学到中学,随着数学课程从初级知识向高级知识层层递进,不同的知识领域也发生着各种变化。数学概念产生于流利的表述和理论推理,数学课程通过促使学习者不断处理更为复杂的问题来提高逻辑思维能力。诸如数、测量、几何和统计等关键概念的学习能够引导和促进学生的知识和理解能力的发展,新的关键概念可以被认为是已有概念的延伸,在原有基础上变得更加复杂和具有挑战性。学生通过参与次要概念以及相关属性和内容的学习,能够体会到更高层次和更加抽象的数学概念及其推理过程。

代数作为一个数学概念,其内涵在不断延伸和发展。在这个讨论中比较有意思的部分是:如何在中学阶段将代数作为一个关键概念进行教学?学习比例和概率的方式十分相似,它们的概念与数量,测量和几何结构的概念也紧密相关。在数学学习的初级阶段,主要是应用基本思想和概念,随后更复杂的次要概念在数学学习中的比重逐渐加大,它们的适用性不断提高,用于解决存在于科学、地理、工程技术、计算机等其他学科领域的高阶数学问题。

学科概念结构日益复杂，逐渐分支和细化也使得数学各概念的关联性更加紧密，更利于学生学习和理解。螺旋式课程设计的特点在于，它可以在不断深化的概念中产生细小分支。理论性较强，学生不易理解和掌握的内容可以设计成螺旋式课程进行教学。课程中关键概念的表述是否准确至关重要，还需注意的是，在整个学科课程领域内发现并加强概念联系也很重要。为了提高这种关联性意识，你可能需要做一些调查研究：在许多学科领域中，空间或因果关系的概念是如何体现的？在科学、数学、艺术、音乐、体育、社会科学等多种学科中，空间可以被确定为一个关键概念。在历史、政治、地理、健康与体育等各类学科中，因果关系可以被确定为一个关键概念。

上述的解构过程能够加深你对螺旋式课程设计理念的理解，螺旋式课程适用于较为抽象和复杂的概念，关键概念、次要概念和相关属性的综合学习决定着学生的具体学习情况。通过追溯每个关键概念螺旋式上升的过程可以发现，随着年级的提升，会有更多具有挑战性的概念和属性出现，不断拓宽和加深学科的基本结构，只有清楚这些概念，你和学生才能在不同概念、观点、属性、事实和过程之间建立联系。

（三）重构课程的建议

规划过程中的下一步是重建一个新的课程计划，这个新的计划来源于那些被分析过的课程内容和学校的意见。这个重建过程不仅能体现你的个人专业能力和创造力，而且还能使你了解到特定学生群体的学习需求和能力。通过了解其他课程计划或方案，你会了解学科内容领域的各个要素的概念结构，同时也会发现利于学生学习发展的专业教学策略。

只有对官方课程有了详细的了解，对学生在相关课程领域取得的成绩有全面的了解，才能从全局出发，考虑怎样将这些已经确定的课程内容与学生的学习能力和需求相结合。这个重建过程的关键部分是创建一系列目标，这些目标要重新定义来源于其他课程计划的有关概念、技能及属性的内容和学习行为。通过评估和记录其他课程计划的概念及其相关属性与现实情况的交叉共同点，为特定的学生群体规划学习内容和学习行为，结合已有课程计划和现实条件考虑，再对课程进行规划，才能保证课程计划的有效性。

在重建与学生需求和能力相关的课程计划时，最初的重点是考虑特定属性和相关的学习成效，它们将为课程的教学范围和顺序提供参考依据。例如，在关键阶段三，教授学生时，要进一步探索关键概念的数量和次要概念的"运作方式"，并将教学重点放在"包括括号在内的优先级操作"的属性上。你的教学计划和学生的学习之间是有绝对联系的。

个人经验或学习经历不是孤立的,而是有关教学计划的一部分。你所具备的学科知识和相关理解,也能服务于学习活动顺序的规划。你可能希望将一组相关且有意义的学习活动放入一个模块,对其重点关注,为该模块计划较长周期的单元学习或计划。该模块是一组相关学习经历的集合,需要对其教学流程进行细致安排,或者采取一系列随机的学习活动,提升学生的概念意识或促使学生学到某种技能。该模块应该被看作是教学计划中的基本单元,应该尽早在计划过程中建立起来,然后由学生确定并实施。

围绕教学和学习模块以及集合重点的模块而规划的一系列课程计划只能在特定时间内实施。你已经确定了一个总体目标,接下来将其分解成更具体的以课为基础的学习目标。这些具体的学习目标和相关的学习成效将形成你的课程计划。

以下内容取自数学中关键阶段二的属性样本,阐述了你可能要遵循的相关步骤。

1.示例:统计(三至四年级)。

关键概念:统计。

次要概念:图形方法。

相关属性(来自次要概念):

使用条形图、象形图、表格解读和显示数据(三年级)。

用适当的图形方法解释并呈现离散和连续的数据,包括条形图和时间图(四年级)。

从相关属性的陈述中可以看出,学生学习内容的复杂程度增加需要引用连续数据和时间图。可以使用这些方式有效陈述课程计划中的学习目标和学习效果。数学课程进一步确定了学生在探究图形知识和应用图形内容时要进行的具体学习,包括:考虑要使用的表示方式,直方图(或条形图)——特性、x 和 y 轴、网格形成、图形变换、数据从表格到条形图的转化、解释所示信息等。

你已经对具有代表性的课程文件进行了初步探索,我们即将要说到的框架突显了制订课程计划时可能遵循的阶段特征。

以下阶段描述的重点在于规划过程,以及接受这样一个概念,即地区或学校可以为你提供最适合的课程资源。当你使用这些课程资源时,请认真考虑其中的每个元素是否可以应用到课程计划当中。例如,如果你已经了解相关学习内容与其他学科领域的关系,则需要在计划中呈现出来。计划文件中的每一项内容必须要有明确的用途,将这些文件内容书面化是为了确保相关内容的用途被明确呈现和合理引用。必须要完善计划文件中的细节,确保做好准备工作再去实施,换句话说,你的准备和计划不是为了流于表面,而是为了真正落实。以下阶段将带你快速回顾:如何处理这个计划流程。

(1)第一阶段:接受课程文件框架(计划)和分析。

将课程文件中的内容结构、概念和事实、思维过程、学习过程和技能,以及态度变化分离出来。你对特定内容的理解基于你对课程文件的理解,即本章前面讨论过的内容表。要进行全面探究,不仅要关注关键概念、次要概念及其属性,还要关注每个属性与学习成效之间的关联性。面对课程图解中固有的、推断的或明显的联系,以及以个人认知和理解创造的课程说明,你可能会发现,根据这个描述所创建的概念网能够直观地呈现内容、相互关系和相关教学法,这些规划文件中的内容先是被分离,接着被提取出来。

阅读现有的国家和学校课程文件,遵循课程设计流程,这些文件确定了一个概念或者技能如何通过集中的学习活动来得到发展,随着时间推移,如何从一个关键阶段到另一个关键阶段。除此之外,为了将它们与你的理解方式联系起来,要能够清楚表达这些概念和技能。

> **小贴士7.3**
> 要针对学生群体设计教学计划,你需要对课程的内容和教学法有详细而全面的理解和掌握。

(2)第二阶段:编写系列学习目标。

一系列学习目标的制定将对你的教学计划的顺序和结构起指导作用。学习目标指导教师利用具体的学习活动来落实在第一阶段中就已经确定的教学内容框架,同时学习目标也是评估学生成绩的标准。这些相互关联的学习目标的确定方式与内容结构的确定方式类似。每个类型的学习目标中的具体学习目的或目标体现了教学内容与预期的学习行为之间的联系。如果教学内容侧重于关注学生的认知发展和思考过程,那么在教学过程中他们就会去了解、理解、应用、分析、综合(创造)教学内容的内在关联并推动学习活动的开展。

学习目标有两个重要维度。包括涉及课程主题的内容以及计划者希望学习者实现的学习行为和学习成效。以下内容可以用以指导一系列已经计划好的学习活动(有关统计的概念和属性的学习活动)。

在一系列学习活动结束时,学生将会掌握以下内容。

①了解(学习行为)直方图/条形图呈现数字信息(内容)时的特征:
·列举(学习行为)直方图/条形图(内容)的特征

第七章 规划专业学习的过程

・确定(学习行为)数据与数据表示形式(内容)之间的关系
②根据另一种形式(内容)提供的信息构建(学习行为)直方图。
③解释(学习行为)以整理形式提供的信息——直方图(内容)。

在一系列被确定和列举出的目标中,学习具体知识的总体目标随后被阐述为更具体的学习行为。学习目标在课程内容的广度上被看作"学术技能"和"思考过程"。当你制作学生评价表时,学习目标的特殊性有助于确定学生对概念及属性知识的掌握程度。(参见布鲁姆、克拉斯沃尔、哈罗、安德森和克拉斯沃尔,关于认知、情感和精神运动能力的相关分类学,可以辅助制订学生的学习目标。)

为了让学生积极地了解他们的学习过程,你可能需要用学生能够理解的方式来解释学习动机,这些表述是根据具体学习目标进行调整的。简单来说,适合学生的学习动机将从更广泛的角度反映课程目标的要求。你所创建的课程目标计划用以指导学习活动的范围和顺序,而不是只针对学生的简易目标。

(3)第三阶段:创建学习活动和经验并将其资源化。

你可以参考许多网站和数据资源包含的一系列学习活动,这些学习活动可以根据每个教学计划中已制订的一系列学习目标进行调整。在寻求一系列满足学生不同的学习需求和能力的学习活动之前,非常重要的一点是,对学生的意向进行采集,然后再放入教学计划中考虑。再次回忆布鲁纳提出的三种再现模式:动作性表征、形象性表征、符号性表征。在创建一系列相关的学习活动时,可以考虑将再现模式应用其中。

在这个章节靠后部分将重点探讨倾听和提问等基本教学技巧。本章所提供的阅读材料全都是关于教学过程中教学策略和教学模式的探讨,如概念发展、概念获得、小组合作探究、质疑能力训练、共同研讨、角色扮演和模拟游戏等。你可以进一步探究这些方面以便纳入你的教学技能库。可将有关乔伊斯等人的阅读材料作为你研究教学的起点。

(4)第四阶段:评估学习目标的实现程度。

学习目标提供了成功标准,成为评估的指南针,用以确定学生学习的实际情况和潜在水平。

评估过程通常包括四个阶段:收集、整理、分析和解释。然后以评估结果作为个别学生成绩和潜能的参考信息。更重要的是,评估也是对学习状况的反馈,有助于改善教学过程中的不足(布莱克和威廉,2006;威廉,2011)。收集、整理和呈现评估信息的一种方式是列一个检查表,其中学习目标和相关成功标准是检查表的标题栏,学生的姓名以行的形式输入。你可以在单元格中添加校对与注释信息,关于某个学生的学习成绩的评价注释将增强你对其学习状况的了解,并有利于促进

143

后续教学计划的开展。

你可以考虑公式,E(学生学习评价)$=A$(评估)$+J$(判断),这表明你将专业知识和专业技能用于解释和论证你所收集的评估信息。

2.学习活动的顺序。

教师学习者制订教学计划的相关文献强调,教师学习者很有必要具备一系列特定经验,这些经验集中在不断提升的理解能力和知识储备中,以满足学习需要。也就是说,通过分析将要教授的内容以及预期的教学和学习过程,将你的理解与认识通过书面形式表达出来,相当于书面形式的预演。你必须了解整个教学计划流程中的优势,并对优势的发展状况进行监控。同时你也必须尽量以富有想象力、支持和回应性的方式对待学生群体的内在需求和实际能力,将学生群体的具体能力和潜力与官方课程结合考虑。你的教学计划需要针对不断变化的教学需求做出调整,创建合理的单元学习计划,对学习活动的持续时间、相关教学内容的范围、教学策略和方法的复杂程度以及教学组群的大小等因素都应该进行充分的考量。在着手计划学习任务时,有一个专业的要求,就是需要对教学流程合理排序以及适当递增复杂程度。

总之,在这个计划过程中你应该考虑到:

- 单元模块教学的每个教学步骤中至少需要多长时间
- 参与其中的学生群体及其数量
- 教室空间及教学辅助的安排和呈现
- 教学内容的选择、顺序和联系(包括应对各种学习能力和需求的适异性内容)
- 在学习过程中使用的教学策略或技能的复杂程度
- 对学生的学习成效以及教学设计和教学计划的有效评价

不断思考这些需求,提前了解教学模式,了解教学过程中需要重点关注的环节。在开始计划之前,必须了解和理解教学内容结构。从教学内容和相关联结的概念映射来看,由学生构建的知识体系应该更容易被理解。一旦你理解和掌握了学科的内容结构知识,那么就需要针对学生的理解水平提供合适的教学内容。如果要求学生对某些知识或概念进行运用,则需要在学习目标中注明。给模块化课程排序的过程就是给多个学习计划排序的过程,它们将会被连续教授,并直接与模块主题相关。对课程教学进行排序的目的是为了使学生有最佳的学习成效,并能在课程各模块之间建立联系,迁移运用,这有利于单个学习模块、多个模块和扩展单元计划的学习目标的达成。

(1)为学习计划排序的目的。

条理清晰且排序合理的学习计划对你和学生都有好处,并且可以创设一个有条不紊的课堂，将课堂事故发生的可能性降到最低。优越的学习环境有利于学生的学习，同时这些外部条件的优化也能够减轻你的教学负担。有效的排序还有其他好处。

·更自然的过渡。当你对学生在学习过程中可能发生的意外进行预设并做好应对计划时，自然的过渡能让学生不受丝毫影响，保持学习状态。当与已有知识和学习经验有密切联系的新的学习材料以有序的方式呈现时，新知识更容易被学生理解。在教师行业，对教师这个角色有很高的要求，并且需要教师有良好的组织能力。提前准备好教学资源及材料，提前在头脑中对教学导入和其他相关教学环节进行预演，可以为教师争取更多的反应时间。

·促进概念理解的"脚手架"。清晰的教学目标和有序的课程安排将使你能够预测学生可能遇到的困难和问题，为学生提供更多支持和帮助。增加特定的练习和活动，可以帮助学生理解更为抽象的概念知识。通过对学科的螺旋式内容搭建"脚手架"，可以预知某些任务的复杂性和难度，学生需要利用外界资源和他们自身的认知理解来成功应对这些挑战。由于学生对教学内容的理解程度和学习效率参差不齐，因此在教学活动计划中，你要不断调整教学内容讲授的顺序和速度以满足学得快和学得慢的学生的不同需求——这是预先准备好整个知识模块教学框架的好处。

·有效组织。如果班级中的个人或群体在学习过程中有了比预期更快的进步，你将非常愉快地进入到下一个更高阶的任务，这些任务已经在计划中提前准备好了，反之亦然。

·提前计划。提前安排课程将使你能够更准确地预测学生掌握某个知识点需要多长时间，然后再看学生实际上需要耗费多长时间才能在这门课程中学有所获。你可能打算在随后的几年里重复利用先前制定的模块计划和单元计划，或者根据教学群体的变化进行适当的修改，基于自我反思和不断增长的教学经验来实施修改后的教学计划。

·评估检查。通过提前准备模块计划和单元计划，你会发现最理想的检验方式，即检验学生对知识的理解程度；以及什么是最佳的评估，即对学习过程的评估。你所设定的具体学习目标决定评估检查的内容和方式。

（2）排序教学计划的注意事项。

在概述准备和计划相关内容时，应注意以下几方面内容。

·首先，把各教学模块、单元和中期计划作为一个整体，确定总的学习目标，并为与个体活动计划直接相关的内容设定学习目标。总体目标和具体目标的确定有助于模块课程的有序开展，它也囊括了要实现这些目标需要哪些材料、学具和教学辅助。

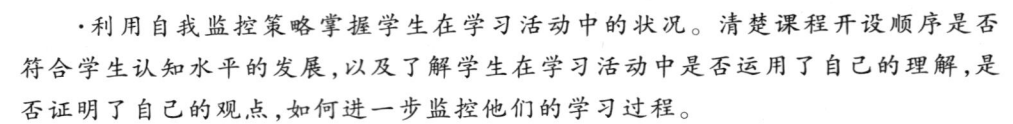

- 利用自我监控策略掌握学生在学习活动中的状况。清楚课程开设顺序是否符合学生认知水平的发展，以及了解学生在学习活动中是否运用了自己的理解，是否证明了自己的观点，如何进一步监控他们的学习过程。
- 再次利用自我监控策略检查课程模块计划，并评价"脚手架"的搭建过程和相关教学资源对学生学习进程的影响。确认是否向学生提供了完成教学模块的每个特定活动所必需的学习工具。
- 回顾评估过程。你有没有设计一些评估方法以确定学生是否理解了教学内容和文本材料？评估的过程和方法是否适合这个学生群体，也就是说，学生的需求和能力与教学模块计划的内容和教学方法是否相关？

在结束此重要的计划流程前，请确保你合理利用了各种教学和学习活动。评估设计好的教学活动，以确保这些活动能准确地反映学生群体的学习情况和智力特征。确认已经学会如何为教学模块、单元和中期规划工作流程排序。在下一节中会提到把学科专业知识和教学法的内容相结合，将进一步扩展你的教学知识库。

> **小贴士7.4**
>
> 你应该对重建的课程计划仔细打磨。设计原理不必添加到计划中，但为了适应学生的需求和能力而进行的计划调整不可或缺。

四、专注且有回应地倾听

用心倾听作为结构化教学策略中研究提问技巧的前提，我们应该清楚它的重要性和作用。这里的倾听涉及——你在学习活动中对学生的回应进行思考和理解，并仔细考虑接下来要说什么。同样重要的是，我们要考虑如何通过制订良好的教学计划，让学生在参与你或他人的互动时提高倾听专注度。发展和提高自身及学生的倾听技巧是构建有效学习的第一步，也是非常重要的一步。在本书中，一直在强调通过不同途径增强和拓展学生的课堂主动性和自觉性，这也是你必备的专业能力。对课堂事件和行为的重点分析和研究可以为你的专业学习提供有意义且具有针对性的指导，并为你的教学评价提供理论支撑。

有效提问的一个重要方面是：你是否能够认真倾听和思考来自学生的回答，并关注其他同学的反应。通过有效提问，引导学生不断增长个人知识和提升理解能力，从而使课堂问题变得更容易理解，因此对群体中的其他学生也具有意义。你不仅要通过口头和肢体语言表示对他们回答的兴趣，表达对他们想法的重视，而且你

第七章 规划专业学习的过程

还要通过进一步澄清答案和调整提问的方式来扩展他们的理解。

有效倾听是一种多维的教学技巧,你将通过在响应式学习环境中应用倾听技巧,不断对学生学习状况进行重新评估。这要求你将特定学生的回答置于他们当前的意识和认知水平,并探究其表现与所处学生群体的一般水平之间的关系。有效倾听还涉及学习模块的范围和顺序的顺利推进。通过倾听,你能了解到某个学生究竟是针对哪个环节做出的回答。从某种意义上说,当你决定"现在会发生什么?"时,你就已经有了回应对策。

怎样才能提升教学水平?你可以通过不断回忆和练习那些内化在日常课堂教学中的并带给学生重要影响的教学片段来做到这一点。你会逐渐意识到,让学生处在一个用心倾听的学习环境中——对课堂提问和回应都能有效倾听,他们的表达能力和个人潜力都会得到良好的发展,这也是教师通过专业学习能够获得的成果。最初,倾听和回应似乎是非常简单的过程,但是到后来,很明显倾听和回应相互作用于较为复杂的概念理解,在这个层面,各种条件和影响需要在实践中证明。

提问、倾听和回应的排序涉及相关教学技能的尝试及确定,关乎教师教学技能的发展。仔细记录这一过程,作为继续使用这些教学技能的重要参考依据,正是这些记录帮助你确定和学生互动以及回应的方式,最终会成为左右教学行为的要素。对提问交流中观察到的学生互动进行深入分析,将使你对学生回应时所依赖的思维方式更加了解。你需要对学生的行为表象进行深度挖掘,目的在于对学生的潜能有深入的了解。你将不再局限于描述性的陈述,而是批判性地寻求更深入和更适用的知识,以理解教学过程的复杂性。

正如本书中所强调的那样,认真和有着强烈求知欲的教师学习者在以下方面表现出足够自信和自如:提高学生的理解能力,以及有效应对在课堂上日益明显的学习链接情况。当你可以通过重点分析、解释和创造产生更多想法时,你就会发现不断增强教学和学习意识可以促使你在专业学习上找到更合适的方法。如果你无法及时找到相关可行的解决方案,你会越来越不满意你处理教学事件的方式。你将接受并承受专业带来的挑战,这种挑战具有不确定性和不协调性,而且相当重要并合理,最终将成为帮助你和学生的学习更进一步的有效方式(兰格和巴勒斯·兰格)。

在你的专业学习过程中你是否认真倾听?你对认真倾听的重视程度也会持续影响你的专业学习。通过了解和应用自我监控策略和专业学习日程表策略,将进一步丰富你的个人学习经验。你会如何加强利用这些极其重要的发展过程,以拓展你在课堂教学和大学学习中所了解到的学习情境?接下来我们将探讨倾听策略,主要针对在你倾听过程中的思维和回应方式可能会遇到的一些挑战。

147

（一）是否需要有选择性地关注某些内容？是否需要过滤已知的内容？

提高收集和理解信息的能力，倾听更多意见，有利于做出更多有实质意义且有根据的决定，帮助你在课堂学习中以更多互动形式给予学生回应。这种信息收集能力包括，在初期计划阶段，创建一个框架，尽管这个框架不够宽泛，但会引导你去注意那些对你而言非常有意义的动作、想法和行为，并根据不同情况有效地回应学生。这也可能发生在自我监控策略的预演阶段。

由于在教学环境中总是存在大量的行为、谈话和动作，因此对教师来说最主要的挑战可能是感官超负荷。在许多日常教学活动中，教学过程中的"个人倾向"可能被定义为"相关过滤器"或"屏蔽模板"，避免以学习为中心的课堂有效信息被持续不断的嘈杂声和感官信息流所淹没。这些过滤过程使头脑有意识地处理外部刺激和有关信息。"过滤器"一旦被建构，将会辅助你把注意力集中在单个任务或相关任务，以及你所在的某个场域中。通过这种方式，你可以有效地忽略大部分干扰因素。在第三章对自我监控策略初始准备阶段的探索中讨论预演和心理图像结构时，首次提到了这种感知过程。

哪些内容被过滤？在很大程度上取决于你在教学前将注意力集中在教学过程中的具体哪个方面，还取决于你要将相关内容引入教学还是进行修正。因此，在新的学习情境或环境中，提前计划和关注教学内容是你必备的能力。你的筛选手段和专业意识将持续并有意识地发生改变，并随着时间的推移不断接受打磨。这种"过滤"不会随意发生，必须经过仔细考虑和评估判断后再规划和执行。通过长期不断实践，有意识的感知将被建立，你会理解并接受有计划的行动和交流，这对具体回应有重要意义。你必须优先考虑这些因素，以便决定在何时何地集中你的注意力。当然，你也会遇到计划之外的情况，它们可能是重要的见解，却被认为无关此领域或不合时宜，这仍需记录以备不时之需。

在自我监控学习环境的初始阶段，你可能需要将注意力集中在已经被重点筛选过的信息上。你可以通过这种方式来提升教学技能和回应技巧，这两种技能与你的专业学习直接相关。因此，坚信"屏蔽模板"概念，你可以控制"模板中逐渐显露的区域"，这些区域允许更多样且相关的教学信息渗透到你的自我意识中。通过应用概念技能和批判性分析，你将持续且全面地提高专业水平。

我们一直将探索说话者（学生）和倾听者（教师或同学）之间存在的关系，作为交互式的教学体验中的讨论要点。这种交流有时被称为对话式倾听（迈希尔、爱德华·格罗夫斯和哈迪）。

这是一个双向互动的过程，教师和学生努力为对方所说的话建构意义。通过这种交流获得延伸性和参与性的理解,通过举例间接回应对方,例如描述性隐喻。

以下意见和策略可以提高倾听的有效性。在下一节中会涉及这些针对有效提问的补充。思考你可能会提出的具有探究性和说明性的问题,这些问题将引导整个探索过程。记下它们并稍后核实它们对你是否有用。

在一段有效的对话中,你应该:

· 鼓励学生多表达他们的想法。他们是否可以表达清晰和提供例证,并和同学分享这些经历?要意识到:在一个轻松和共享的环境中学习,多元的思想更容易被接纳。

· 通过实例说明、解释并分享你如何理解他们的回应。

· 了解和反馈当前的集体理解和认知水平。

· 讨论你是如何获得这些感知和理解的。

这些建议的排序是随机的,强调以分享的视角来看待学习。合理采纳可以进一步增强学生群体在讨论和提问过程中对回应的分析和理解能力。

(二)提高倾听技巧以便有效回应

倾听很容易被误认为是一项简单和被动的工作。倾听需要具备从他人身上采集和吸收信息的能力,却不仅限于此,倾听更是一个主动的过程,需要集中精力倾听对方。良好的沟通模式由很多部分组成,其中包括许多必备技能,如接收、理解、澄清、记忆、评估和回应。鼓励学生在倾听过程中采用这套技能。接收,强调的是接受外显信息的行为,不管是口头的还是非口头的,并非所有的沟通都是通过语言实现的,其他感官也可以传递信息。注意力是否集中至关重要,任何分心都要及早地发现并遏制。你可能善于同时处理多种任务,但更重要的是要让他人感觉到你仍在专注倾听。打断说话者会导致对方的注意力分散,因此,你可能会发现非语言的反馈更有利于双方的对话交流,如点头。谈话的关键在于认真倾听,尽量避免错过重要内容,导致接收的信息不完整,所以最好在倾听之后再表达你的观点。

理解(以及明确问题)是倾听要达到的目标。倾听时,在脑海中对所有的已知问题和回应进行筛选,过滤掉无关紧要的信息。你接收到说话者的信息,并开始在脑海中加工这些信息,了解其内涵。你可以通过提出明确的问题或表达你的感受,以求了解更多信息。在这个阶段,如果使用一些策略,你将不只停留在接收和处理信息的简单层面上,而是逐步深化概念。在倾听过程中,首先确定基本要点,并将碎片化信息转化为有意义的关键概念或主题,通过这种方式,对信息的关键要素重新定义。这可能是你先前制订的概念框架的一部分,由于之前已经考虑过这个想法,所以需要你再次回忆相关内容。当你将获取的新信息与已有信息联系起来时,新信息便更容易被理解。你是否还能想起在第三章关于自我监控策略预演阶段的讨论中探讨了相关概念信息的分类。

下一阶段涉及你对所接收到的信息的评估。你需要考虑以下问题：作为一个倾听者，你是否把接收到的信息进行了分类？如，这些信息属于一般陈述、事实还是意见？你是否在倾听时就已经开始构思你的回应？对方是否清楚地解释了这些信息，是否含有主观偏见，如果是的话，你能否从他们给出的信息中理解到说话者的意图？如果你全面掌握了说话者所提供的信息，并且确定了核心内容和依据，那么这时你可以对他人的陈述进行针对性的回应。当说话者完全专注于你的回应中关于他们自己的那部分信息时，那么解决说话者关注点的问题可以使他们更容易转变为倾听者的角色。

看起来这似乎是一个相当漫长的过程，但它往往在短时间内就能发生。在任何课堂交流中，重要的是你要让自己和学生都能够掌控整个倾听过程，以避免产生误解、错觉以及阻碍，妨碍学习活动目标达成。

小贴士 7.5

倾听是一个主动聚焦的过程，倾听技巧可以通过接受、理解、记忆、评估和回应得到发展和加强。

五、了解你可能会用到的教学技能

你可能需要获取哪些教学技能呢？你的教学技巧、教学步骤和教学策略的表现形式取决于课程内容以及学生的学习能力和需求。虽然本书没有探讨上述的所有内容，但下面的概述可以指导你访问现有的文献，为职业发展需要服务，并指导教学计划的开展。

教学技能可分为四类：

• 演示技能：包括解释、介绍和结束、应变、模仿等。

• 鼓励学生参与讨论、辩论，引导学生自主探究，激发学生的好奇心和创造力，提问（我们的下一个讨论重点），发展学生概念意识等技能。

• 课堂管理及指导学生的行为意识、学习动机，处理不配合行为，分散和集中注意力等技能。

• 小组合作技能，涉及组织学习小组、指导小组合作、创建职能角色（领导力）等等。

你可能在之前就发现了一些教学技巧，例如，在很多文献中，很多教学细节都被作为教学行为案例进行描述(第五章和第六章中所提到的专业学习日程表策略),通过对这些案例的学习,你在教学过程中可以结合专业知识,合理运用到某些教学环节中。如果你在早期规划阶段就已经决定使用探究式的研究,那么这种研究方式将会为你提供获取相关教学过程及其组织特征的信息的途径,并寻求合适的时机进行分阶段教学实践,这无疑是对计划最有效的落实。

学生也需要对学习技能或策略进行反复练习才能将其有效地应用于模块学习。因此,应该将上述有实用性的教学技能和复杂的教学模式、策略循序渐进地注入到你的教学法和学生的学习技能中。随时准备让他们使用你希望他们使用的任何新的学习策略,你的教学技能也将成为他们的学习技能。

由于大部分教学策略和方法会涉及有序提问的应用及其重要意义,因此本章对提问技巧进行了拓展探究,具体情况如下。

(一)学习情境中的提问技巧及应用

考虑以下场景:你在课堂上与学生互动,并且双方都积极回应。他们争先恐后地回答你和其他同学提出的发人深省和具有挑战性的问题,学生都跃跃欲试,整个课堂充满了生机。但渐渐地,你发现他们的参与度下降了,你会想为什么出现这种情况。他们是否合理利用应答时间理解此刻提出的问题?于是你决定抛出另一个问题导入下一个环节——有的学生抓住了这个契机并且重新打起精神,慢慢进入了学习状态。课堂教学井井有条地开展会让你感到欣慰,而且,学生从他人的优点以及你的付出中能有所收获也会让你感到愉快。你使用的这种提问模式聚焦于学生的学习经验,同时抓住了学生注重学习能力和名次的心理。

上述是你平时的教学场景还是你所期望的?你如何安排课堂中的学习探究和交流所占的比重?你如何改变或发展你现在所做的工作来建立一个理想的交互式学习环境?研究大量提问原则、类型以及提问的步骤,目的在于创建积极乐观的教学环境和学习环境。

(二)课堂提问

课堂提问是教学过程中最重要的内容之一,也是促进学生思维发展,提高其学习能力的关键。课堂提问是大多数课堂教学不可或缺的一部分,但有时也可能会被那些全身心投入反应教学法的教学新手所忽视。有效提问模式可以激发学生的批判性思维和深度思考,提前精心设计好的问题可以吸引学生的注意力,激起他们的学习兴趣。课堂提问为学生提供机会,从全新的视角看待教学内容,形成自己的见解,并探索与内容主题或主旨相关的联系。提问在你的教学计划中起着关键作用,你应该思考以下问题:我是否应该有意识地教导学生如何提出好问题,而不仅仅限于他们回答问题?提问是否是创造课堂探究文化的必要条件,是否有利于鼓励他们进行独立思考?

对课堂教学的大量研究(由古德和布罗菲最先开始细致研究,随后由科顿、沃尔肖、安东尼以及其他人开始有关课堂教学的研究)表明,高达60%~80%的课堂问题属于低阶、事实性和程序性的问题。

你要通过使用高级认知提问来创建一种探究性的学习文化,这种高级认知提问旨在创建有效教学和提升学习成效。要做到这一点,你需要精心地构思问题,确保你对学生提出的问题是恰当的。在这种探究文化中,通过不断提出深思熟虑的问题来达到最好的教学效果,这些问题将成为增强课堂参与、增进学生理解的关键点。有效提问很重要,因为它不仅能使思维可视化,而且它把学生的已有知识放到第一位考虑,因此通过学生的回答可以呈现他们的具体理解水平,展示他们的推理和创造能力。

下一节将讨论所提问题的价值和意义:当学生遇到难题时首先确定他们需要的是什么;探索提问方法,并研究如何设计有效提问服务于你的学习计划。在整个学习过程中,你应该制订具有高阶思维、批判性思维和说明性的提问模式(本文旨在以类似的方法辅助你成为一名教师)。

(三)提问策略

在准备期的早期阶段,你需要重视探究过程中的提问模式和顺序。正是这些提问顺序为整个学习过程提供了范围和指导。为了方便计划的预演和实施,可以将提问顺序直接放入计划文件的相关章节。

例如,可以使用关键问题突出学习目标的重点内容。关键问题可以激发批判性探究的热情。布鲁纳在他的社会科学课程中(人类:一门研究课程)使用了这种方法,将课程内容聚焦在三个核心问题上,当学生们进入各学科领域学习时,他们也会对这三个问题有所困惑。

这些问题是:

- 人类所独有的特性是什么?
- 人类如何获得这些特性?
- 人类怎样才能更富有人性?

通过提出一个关键问题,启发学生思考和互动讨论,从而让学生直接进入学习状态。以提问的形式展开教学活动可以激发学生的学习动机,促使学生全身心投入学习,同时使他们能够明确自己的学习目标。你也可以考虑苏格拉底式的提问模式,创造一个充满批判性的学习环境,促使学生主动进行探索思考,鼓励学生敢于质疑他们的已知和理解。

苏格拉底式提问方法要求学生:

·澄清假设以及推理引证。

·质疑其他观点。

·在提出观点之前不断检验。

·验证最初的问题。

无论你使用哪种类型的提问,问题精确与否都是答案效度和促使学生继续学习的关键。如果你在课堂提问过程中发现某种提问方式不利于学习活动的开展,那么应该在教学过程中尽量采取补救措施或使用另一种提问方式。不断温习和反复练习是获取知识的关键,忽略这点,容易使学生学无所获。

(四)创建探索与参与的课堂文化

当你在创建自主探究的课堂文化时,应向学生强调个人在学习活动的每个阶段进行思考、学习和复习的重要性。同时你需要注意以下几点。

·模拟多种可以用于课堂提问的策略。要让学生知道,当他们需要更多的思考时间,遇到不确定的问题或者想对同伴的观点进行补充说明时,他们可以说"请来我这里"。让他们知道当他们需要你的时候你会来到他们身边。

·确保你和学生都有教学所需的工具和材料。如记录工具、铅笔、白板、板擦、海报板、计算机、平板电脑或其他技术工具。

·与学生一起练习提问策略。反复练习这些涉及学习计划多个阶段的提问模式,直到你可以信手拈来。给自己以及学生留出时间来学习专业知识,让他们和你一起见证自己的成长。

·确保在你每次提问时都给学生思考及应答时间。在提出问题后给学生4~5秒思考时间,在应答时间结束前不要重述问题。

以下内容可能有助于你进行有效提问。

(1)在对话中给学生足够的时间表达自己想法。如果你认为他们还可以提供更多的观点,请使用探究性或澄清性的问题。仔细倾听他们的话并领悟其内涵,不要只顾着向他们灌输自己的想法。

(2)在分享答案之前,鼓励学生阐述他们对问题的看法,并在后期对他们的答案进行补充。

(3)在回答问题时,鼓励学生将他们的想法与他人或小组意见扼要进行综合:

用简短,引人注目的句子表达出来。就像新闻标题一样,抓人眼球。

(4)让学生尝试回顾或总结问题,并要求学生做相应笔记并复习。

(5)要求学生在学习活动期间分类记录自己的疑问或提出的有效问题。这种分类将把他们的注意力集中在两个方面:构建高阶的思维水平以及清楚所提问题的类型。

(五)有明确目的的提问

1.生成探究性问题。

有效问题是事先设计好的,在你的教学计划中有明确说明。提前设计一系列有效问题有助于指导教师教学以及拓展学生的思维。教学计划中提问的顺序可以确定为启发探究、参与探究、评估和审视探究结果,以及解释探究数据(库尔梭、穆格等)。

你要增强对课堂提问及陈述范围的了解,除此以外,学生也需要将自己的思维概念化。让他们进行互动交流并在学习上帮助组内成员,以一种更直接的方式参与到教学过程中。要鼓励学生互相提出问题,并且在与同伴或小组间的课堂对话和书面对话中积极回答教师的问题,对他们来说,了解这些问题的难易度非常重要。

研究提问策略有助于提高课堂对话的质量:考虑随机提问,挖掘学生思路;提问时所有学生都要参与交流;和伙伴之间既要表达也要倾听;对提出问题快速做出回应;以及随时记录有价值的信息和个人想法并与他人分享。

2.规划有效提问策略。

想将提问策略和模式有效地引入教学过程,需要提前准备并仔细衔接每个教学环节。虽然一些新手教师可能在没有事先考虑和准备的情况下仍擅于提问,但许多人认为这种毫无准备的即时提问会不可避免地产生措辞不当等问题。如果没有按照预期的逻辑范围和组织顺序提问,或者不鼓励或引导学生充分发挥发散思维积极思考,就容易打乱课堂节奏。精心筹划的提问策略和模式将带来与之相对应的学习成效。创建和运用有效问题可以使学生表明个人态度,展现个人技能,教师的认知理解也会在学习过程当中得到发展。

安德森和克拉斯沃尔对布鲁姆的认知分类学进行了解释说明,并提出了一个层次框架结构,将概念理解能力和智慧技能的复杂性从低到高进行排列,在下面列出学生每项技能的成就。修订后的认知分类学作为有效工具,用以鉴定和分类每个问题具体属于何种水平。每个水平都适用于你从学生那里采集到的概念理解能力和智慧技能的数据。通过这种方式你会发现教学目标和学习目标之间将存在重叠,你所提出的问题将引导学生实现你的教学目的。

教师对学生回答问题的行为反应分为较低水平和较高水平。当使用这种方式进行分类概括时,较低水平的问题更适合于分类学中比较具体的层次,如学生的记忆和理解是提问焦点,或者通过提问了解学生的优势和劣势。如果你鼓励学生展开开放性和批判性的思考,让他们参与解决问题、讨论活动或者要求他们更有创造性地寻求更多信息和理解方式,那么你应该关注更复杂更高水平的提问方式。越来越多的人意识到不同层次的问题在学生学习中的应用,需要根据当前的学习状况改变提问方式。

3.规划提问顺序阶段。

规划有效问题的第一个要求是,根据教学目标有条不紊地询问事先准备好的问题。你制订的教学目标就是你期望学生能完成的学习内容和学习行为。显而易见的是他们的认知水平将决定你所准备的问题的水平。

最初你可能只专注于内容教学,随着提问过程不断深化,逐渐涉及情感领域。根据课程计划所规定的范围和顺序,选择要进行重点提问的某个内容。将问题集中在重要而非琐碎的内容上。

为所提的问题准备拓展性的答案,或者至少涉及具体内容的答案。避免提出可以只回答是或否的问题,除非你打算继续提问以进一步探索学生能否理解和应用知识。

弱化自己在课堂提问方面的随意性,直接在教学计划中写下关键问题和相关问题很有必要。在计划阶段,完成此任务将触发自我观察的预演阶段(请参阅第三章中运用自我监控策略的过程)。

将提问框架按照逻辑顺序排列——从特殊到一般,从较低水平到较高水平。或者你可以使用反映教学内容顺序的一系列问题,因为提问顺序关乎学生有意识的课堂行为,关乎教学内容。请记住,当你在教学时遇到预设之外的情况时,你可以灵活应对,询问其他回应式问题,以替换教学计划中事先设计好的一些问题。因此,花时间在教学计划中对问题进行排序有双重好处。随着在学习过程对各个方面进行调整和完善,你所得到的回报会使你信心大增。

首先,准备一组与你教学目标相符的问题,并确认其具有代表性,可以反映教学内容。其次,对问题进行精确的措辞可以使学生明确任务。诸如"英国的移民政策怎么样?"之类的问题过于模糊,并没有提供足够线索有效地引导学生回答。"我们对莎士比亚的对白有什么看法?"这种问题对于讨论一个具体话题来说过于笼统,但如果你打算收集大量需要被记忆的信息,然后让学生进行分类和标记,这类问题在概念性形成策略中可能会有所用处。

预测不同的学习顺序可能会让学生产生的反应和思路,这种能力对于你的专业发展来说至关重要,"先见之明"会帮助你在教学过程中发展灵活教学的能力。鼓励学生用自己的语言表达观点,对学生来说,在学习的最初阶段敢于思考和表达十分重要,可以帮助他们建立勇气和信心,以便于在后续的学习中敢于挑战更复杂的事物。

请根据以下几点审视自己,看看它们是否符合你对提问和预演方面的理解。

• 导致这些学生回答不合理的典型错误观念可能有哪些?如果从学生阶段性的认知理解能力考虑,答案可能是合理的。

• 我会接受学生用自己的话说出的答案,还是倾向于使用教科书上的标准答案?学生的回答将表明他们当前对教学内容的理解程度,如果我接受了他们的说法,那我该如何鼓励学生探索更接近教科书上的标准答案?

• 我期望从学生那里得到什么样的回答?是给出定义、提供案例、找出解决方案,还是确认探究重点的建议?对于教师而言,处理学生错误答案的最佳策略是什么?

• 如果学生回答不上来,我该怎么办?我应该在解释或重述问题之前等待几秒钟吗?如果我的问题都是精心设计的,我是否应该相信他们能够顺利完成学习任务?

下面将说明:为什么明确和准备充分的教学内容之间需要有密切的概念关系;学习目标中的行为目标;以及与这些直接相关的提问目的和认知水平。你计划和实施的任何课堂提问都必须反映相关学习模块的学习目标。例如,如果你计划的学习模块的学习目标涉及指导学生进行分析性探究,即比记忆和理解具体内容水平更高的探究学习,那么你的课堂陈述和相关提问也应该围绕这一重点进行。

以下总结基于布鲁姆认知分类学的改进版(安德森和克拉斯沃尔)。它提供了学习目标中所使用的动词的例子,并将它们与疑问词联系起来。这里只展示了最低(记忆)和最高(创造)的认知水平。你在此领域的重点研究将补充认知分类学中的"缺失类别"。

4.将修订后的认知分类应用于目标动词和疑问词干。

此处的陈述用于表明你要教授的内容与如何提问使学生达到既定学习目标之间的密切关系。为了达到有效规划的目的,在准备这两个方面的内容时必须在概念上把它们联系起来。如果在前期规划工作中就开始考虑这些相关问题,则有助于学生完成学习目标。该过程使已有的学习成效直接升级为学习目标的标准。对学习成效的评估将真实反映出教学内容、过程和组织的概况,这些都服务于学习目标。

第七章 规划专业学习的过程

1级水平:记忆知识,回忆或确认信息和观点。在制订学习目标时,要求学生通过回顾事实、术语、基本属性、次要概念以及观点来呈现对之前所学知识的记忆。

在教学过程中,为了构建合理的提问顺序,你应该:

- 提供有关内容主题和学生认知水平的信息。
- 要求学生对自身的认知水平有一定的了解。

以下是一些与回忆/记忆认知水平的学习目标相关的行为动词的例子:选择、定义、标注、匹配、叙述、展示等。

用于探究学习行为的疑问词干的例子有:

谁是……

什么时候……

你能说出所有的……

你记得什么……

你会如何定义/识别/确认……

你会如何选择……

6级水平(最高的认知水平:创造):创造与综合,将碎片化的知识组合在一起形成新的概念,并为新情境和原有情境建立关联。

在制订学习目标时,你需要学生:

- 以不同的方式综合各种碎片信息,形成新的内容。
- 创建新的模式或提出备用解决方案。

在教学过程中提问时,你将:

- 本着开发学生创造性思维和解决问题的原则来提问(关乎思维过程),使学生学会将碎片化知识组合成其他形式内容或概念。
- 通过提问让学生证明他们可以根据不同情境将概念进行整合,形成新的观点。

以下是一些与创造性认知水平的学习目标相关的行为动词的例子:改编、创作、构想、设计、精心制作、生成、预测等。

用于探究学习行为的相关疑问词干的例子有:

如果……会发生什么?

你会做出什么改变来调整……

你会如何提高……

你将如何制订计划去……

以上已经部分说明了学习过程中的"认知"领域方面,但这只是三个领域中的其中一个,你需要将认知纳入你的模块和单元计划中考虑。"情感"领域由克拉斯沃尔在层次分类法中提出，之后哈罗在精神运动领域中也有提到。现在我们已经了解到，在认知领域，目标设计与提问模式密切相关。你可以将类似的设计过程应用于其他两个领域，以创建适合的框架。创建参考框架应该是在课程开发初期需要完成的任务，可以为制订目标和创建问题提供方向和指导，可能在之后的所有计划中你都会用到这个框架。

你可以考虑为计划模块中的两到三个领域提供学习目标，规划提问顺序，这可以使你的计划更加全面。多样化的学习可以满足大部分学生的学习需求，同时使他们获得良好的学习体验。在准备和实施课程的过程中灵活变通，将促使学生提高概念意识，从而增强学习能力。

本章小结

在课程教学中让学生持续保持良好的学习状态似乎特别困难，其原因可能在于引导学生的方式不恰当，不利于达到教学目标，或是你不愿让自己过于偏离课程的教学知识点，于是太过于按部就班。通过调整提问，自由转换学习活动的顺序（但基本不偏离你的初衷），这种方式有助于预期学习活动或模块的顺利开展，就像船只曲折航行最终也能到达终点。促使学生能够脱离既定的学习路径去探索新的思想，这些引导具有一定的前瞻性，但要随时准备好根据需要重新调整方向。

由于精心准备了教学内容和提问模式，你将确信自己始终不会由于课程的教学范围的逾越或课程的教授顺序的改变而脱离教学目标。要时刻提醒自己，要想教好某学科就要了解该学科。课程规划顺序取决于关键问题的提问顺序，以及与所提问题相关的有趣内容的重要性。

致谢

我们首先要感谢世哲出版公司(SAGA),特别鸣谢编辑詹姆斯·克拉克,他对我们早期草稿的修正给予很大的帮助和鼓励,他关于教师专业发展的观点进一步完善了本书内容。

我们还要感谢以下审读人士,他们的点评最终成就了这本书:

克里斯·贝克,卡伯特学习联合会领导;

马丁·赫斯本德,纽曼大学校区办公室主任;

苏珊·莫比,西埃塞克斯教学校区联盟领导;

克里斯·特纳,温彻斯特大学教师发展中心主任。

译后记

经过翻译团队一年多的共同努力和辛勤工作,教师教育精品书籍《给新教师的成长建议》终于付梓了。本书遵从教师专业发展思想,从学习者的视角和立场出发,深刻阐述了作为学习者的新教师的成长意识和方法,并通过案例分析,生动形象地展示了新教师专业成长的过程与路径,力图从基本理论和教学实践两方面为新教师的专业成长提供指导和建议。本书适合中小学教师、师范生等群体阅读,尤其对初任教师的专业成长有重要借鉴价值。本书也可以作为各级各类教育从业者工作的参考书目。

本书翻译是翻译团队共同完成的,参与人员如下:杨思帆(翻译组织、审校、导读及第二章),郑蓉(第一章),王致强(第三章),彭岚(第四章),殷逢燕(第五章),潘双(第六章),操美林(第七章)。另外,我的研究生刘丹、庞贞艾、赵雪蕴等对本书后期校对、审读等方面做了大量工作。在此,对全体参与翻译的人员表示诚挚的感谢!

本书能够顺利出版,特别感谢西南师范大学出版社!尤其是高等教育分社郑持军社长、李相勇编辑等同志为本书的出版付出了很多心血,没有他们的辛勤付出,本书难以与读者见面。

由于我们的时间和水平有限,书中翻译不妥之处在所难免,恳请大家批评指正!

杨思帆

2019年12月于重庆师范大学励志楼